少ないもので贅沢に暮らす

石黒智子

PHP文庫

文庫版はじめに

2000年に刊行された『大人のための素敵な良品生活のすすめ』から14年が過ぎ、40代後半だった私は60代になりました。

読み返してみると、14年の月日は遥《はる》か昔。でも暮らしづくりへの思いがまったく変わっていないことに驚きました。

今回、文庫化のお話をいただきまして、多くを差し替え、または削除し、追記もいたしました。

長く使ってきた道具が壊れたら、しばらく使わない経験をしてみます。

買った時は最良のもので出番の多い道具であっても、その後に買った別の道具で間に合うこともあり、「なんだ、なくても困らない」と笑うことも少なからずありました。

必需品だと再確認させられることもあります。そういう場合はまず、自分で修理をします。無理なら家族。その次はプロに任せる。プロに任せるのは料金がかかるので、修理すべきか、買い替えるかを検討します。

「修理できますから、一生ものです」と薦められて買った銅のおろし金や漆器を持って行ったら「買ったほうが安いですよ」と言われてがっかりして帰宅したことがあります。もちろんその店の敷居は二度とまたぎません。

そうそう、電池の時計やデジタル温度計は接点を拭くだけで動く場合があります。

買い替える場合は、使い慣れている同じものではなく、初めてその道具を使う気持ちで他と冷静に比較します。時代が変われば、素材も進化しています。もっと優れた商品が出回っているかもしれません。良い道具に手はすぐに慣れます。よりよいものを得たいという要求をメーカーに伝えるためにも、消費者である私達は、安易に購入しないという姿勢を持ちたいものです。

修理不可能な道具は分解します。漆器なら割ってみます。

漆器の断面をみると素地や下地のことまでがよくわかります。職人さんの腕前や苦心に気がつきます。次に買う時には、きっと見方が変わっています。

簡単な家電製品は分解すると、仕組みがわかります。分解しながら、ビスや銅線など他で使えるような部品を残します。

パソコンのマウスが壊れた時のビスはどこかに落としたままになっていたサングラスのビスと同じサイズでした。マウスのビスをサングラスに使い回せま

〔上〕ビスをなくして使えなかったサングラス。マウスのビスを使い回し。〔下〕シロバナタンポポ、ニワゼキショウ、キキョウソウ、クローバー、ひと足早い春。

した。

家事を仕事と考えると、他に何かしなければ、と思いがちです。趣味を持たなければ、ボランティアをしなければ、一人前ではないような……。

私は、家事は仕事ではないと思っています。家事は生活そのもの、生き方でありスタイルです。

暮らしづくりに完成はないのだろうと思います。完成を目指すのではなく、時代の変化を吸収して、より楽しめるようにこれからも暮らしをつくっていきたいと思っています。

今でも、毎日が小さな、時には目を見張る大発見の日々です。

2014年6月

石黒智子

はじめに

「どうして、今までこんな簡単なことにまったく気づかなかったのだろう――」

そんな毎日の連続です。

ファイルの収納法を見つけてから、洋服はスッキリ片づきました。

ホーローの計量カップに掃除用の小道具をまとめたら、濡れた場所にも置けて便利です。

ガチャガチャうるさいフックのドア・ストッパーより、砂を詰めたシャンプーボトルのほうが、重さも加減できて、見た目も素敵です。

ドレッシングは、テーブルに輪染みをつくり、中が洗いにくいドレッシングボトルで1週間分つくるより、目盛りで材料が計れて、注ぎ口も大きく、しかも洗いやすい計量カップで1回分ずつつくるほうがずっと楽です。

わかってみれば簡単なことでも、それまでは不満たらたらの毎日だったわけです。

本書は、そんな暮らしの中で見つけた小さなアイディアを綴《つづ》りました。

ひとつひとつを積み重ねる毎日の暮らしを大切にするあなたに、出合ってよかったと言っていただけることを願って——。

2000年9月

石黒智子

Contents

自分に合ったスタイルを追求する

思うがままのキッチンライフ

写真・本文イラスト――石黒智子

工夫ひとつで
楽しく
素敵な生活に

洋服とアクセサリーの整理術

洋服とアクセサリーの整理を思いたったのは、16年ほど前です。

それよりずっと前から何とかしなければとは思いつつも、たとえ、今ある洋服を半分に減らしたところで、バーゲンシーズンになれば、1枚、2枚と買ってしまう。元の木阿弥《もくあみ》。処分するだけではダメなのです。

買ったものがすべて気に入って、シーズン中に何度となく着るのならともかく、お店では似合っていたのに、家で着るとちょっと変だったということもあります。

体型に合ってなくて、二の腕や首が太く見えたり、重くて肩が凝ったり、組み合わせが利かなかったりと、だんだん気に入らなくなって、そのまま5年も腕を通さず、買ったことさえ忘れています。

ハンガーの数が増えれば襟《えり》の形は崩れてくるし、引き出しにくくもなります。

ただ処分するのではなく、うまく整理、管理する方法を覚えなければと思いました。

ノートに描く方法や、写真に撮ることも少しやってみたのですが、ダメでした。継続させるには、簡単で楽しい方法でなければ——。

やっとみつけたのが、名刺入れのリフィルを使ったファイル収納法です。洋服はもとより、バッグ、靴、時計、ベルト、手袋、不祝儀用の数珠《じゅず》や麻のハンカチ、喪中扇《もちゅうおうぎ》に至るまで、名刺サイズのカードにイラストを描いて、1冊のファイルにしました。

これで自分の持ち物は一目瞭然《りょうぜん》。組み合せにいちいち洋服ダンスから引き出さずとも、ファイルを開ければイメージできます。

次に何を買い足せばよいのかもわかりますから、計画的に揃《そろ》えていくことができます。

さて、いよいよ処分です。最初に決めたのは、ハンガーの数。ハンガーはこれだ、と決めていた「SHISEIDO THE GINZA」で使われていたものを、スイスで見つけました。16本。細くても滑らず、型くずれしない理想のハンガーです。

ダイニングテーブルの上にすべての洋服を積み上げ、その山の中から、黒、白、グレーだけを選び出し、組み合わせられるインナーとコートを残しました。

他はすべて処分。これは高いのを無理して買ったのにとか、素材が良いのだから今は着なくても、もしかして先々着るかもしれないなどと頭をよぎるのですが、もう面倒を見きれないのだと、首を横に振りつつ自分に言い聞かせました。

バッグと靴は黒だけを残しました。お下がりは、サイズの合う姪《めい》と近所の知り合いのリサイクルショップへ寄付。

洋服や小物まで1枚1枚イラストにするのは面倒な作業のようですが、他人に見せるために描くのではないのです。自分がこれとわかればいいのです。下描きなしで1枚10秒ぐらい。

ファイルは「無印良品」、リフィルは「プラス」の「RE−146PP」10枚入り。1枚には表と裏で18枚のカードが入ります。

2014年にファイルを開いてみると、その後に買ったものは数えるほどでした。

洋服は2002年に麻のスカート、2012年に同じデザインのタートルネックの長袖ニットを6枚買っています。オーダーメイドの白麻のワンピース2枚とブラウス4枚は同じデザインで丈違い。バッグは2013年に牛革のトートバッグ。靴は2001年にサンダル、2009年にローファー、2012年にウォーキングシューズ。それだけでした。

傷んで捨てたものがたくさんあるのに買わずに済んだのは、50代に入ってから形見分けやお下がりをいただいたからです。

ハーフコートやスカートは亡くなった姑から、ネックレスは叔母からの形見分け。指輪は母からのお下がりで、友人達からは「あなたのほうが私より似合うから」と普段着が回ってくるようになりました。いつも同じような装いになるのは同じ服が何枚もあるからだけど、組み合わせを変えて自分ではおしゃれ

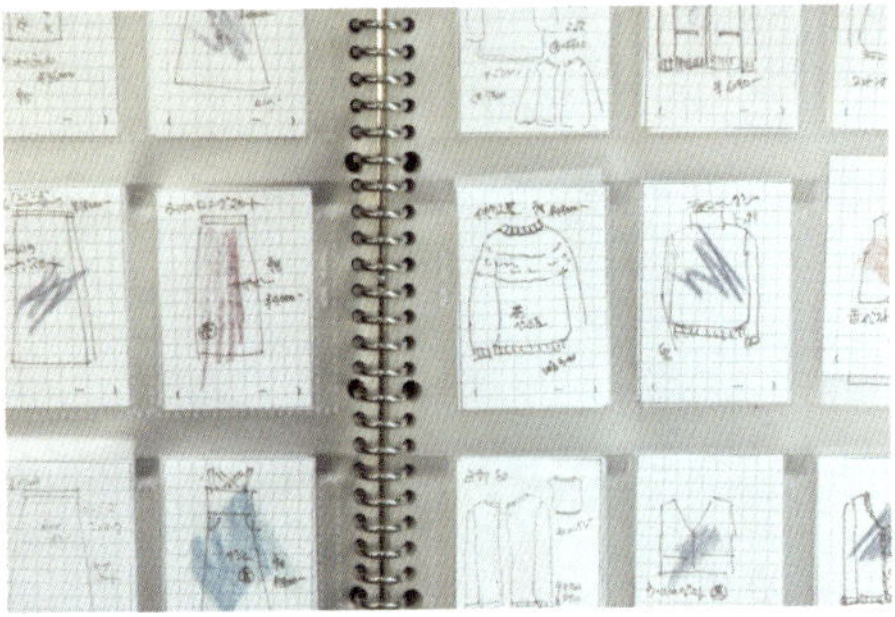

〔上〕型くずれしない理想のハンガー。〔下〕このファイル1冊で持ち物が一目でわかる。

を十分楽しんでいるつもりです。

長さの合わない形見分けのネックレスはほどいてつくり直しました。

ファイルを眺めてみると、襟なしノースリーブと長袖カーディガンの多いことに気がつきました。

ニットのアンサンブルもノースリーブと長袖カーディガンの組み合わせです。そういえばお店ではカーディガンばかり見ています。ボタンをすればセーターとしても着ることのできる首回りの詰まったもの、袖口と裾のリブ編みが5㎝以下、無地のチャコールグレイなら迷わず買います。

よく立ち寄るお店は「マーガレット・ハウエル」。

海外旅行をしたらスーパーマーケットへ行こう

『大人のための素敵な良品生活のすすめ』ではイギリス、オーストラリア、フランス、スイスのスーパーマーケットで買ってきた台所道具について書きました。あまりに古い情報なので、差し替えます。

２００６年の初夏に３回目のフランスとベルギーを旅行しました。フランスはパリとモン・サン・ミッシェルとジベルニー。ベルギーはブリュッセルとブルージュです。フランスもベルギーも街中散策が楽しい。

どこへ旅行しても立ち寄るのは美術館とスーパーマーケット。食事は厨房の見えるレストランを選んで入ります。

パリでは陶器のポット入りマスタード。モン・サン・ミッシェルのマルシェでは直火用のパン焼き器を買いました。ブリュッセルでは「ノイハウス」のジャム。ブリュージュでは手作りアクセサリー用の銀の針金と黄色のテイラーメジャーを買いました。

陶器のマスタードポットは仕事机の上に置いて鉛筆とドボのハサミを差しました。時々花入れにも使います。

パン焼き器はトーストのほかに湿気《しけ》てしまったクッキーや煎餅の焼き戻しにとても重宝《ちようほう》しているのですが、一昨年「ユーロキッチンKASAI」がポルトガルから輸入し、販売していることを知りました。日本でもガスコンロでパンを焼く人が増えているようです。

ノイハウスの瓶は割れてしまって、残った蓋《ふた》が手作りキャンドルウォーマーのキャンドルケースになりました。ぴったり4個入ります。テイラーメジャー

〔上〕お気に入りの黄色のテイラーメジャー。〔下〕ノイハウスの瓶の蓋にキャンドル４個がぴったり。

は針箱の中にあります。裁縫のメジャーは黄色に文字は黒でなくては。

２００８年にはイタリアへ行きました。ミラノ、ヴェネチア、フィレンツェ、ローマ。

ヴェネチアではハサミ専門店をみつけて手芸ハサミ。ローマではスペイン広場近くのキッチン道具店で形のきれいな２穴のコーヒードリッパーと当時日本では販売されていなかったステラ社のムーランを買いました。このムーランがいかに優れているかを佐藤商事（株）の波多江さんにお話しできる機会があり、翌年、波多江さんの尽力で輸入され日本橋三越本店が販売しました。でも、残念なことにもう在庫があるだけです。

ローマの空港では小銭整理で瓶のデザインが素敵だった栗のジャムを買いました。今は電子レンジでつくる手作りジャム容器として使っています。瓶が素

右端が愛用しているステラ社のムーラン。

敵というだけで数段美味《おい》しく見えます。日用品のデザインは暮らしを豊かに装わせてくれます。

子どもが高校生までは夏休みの家族旅行。今は気の置けない女友達との二人旅です。

二人旅なら行きたい場所でもめないし、体調を崩しても、トラブルに遭遇しても、どうにかなります。旅先で親切にしてもらえるのも二人旅だからですね。話しかけても、話しかけられてもおばさん二人旅なら大丈夫。バスを待つ時間、信号待ち、レストランでもよくおしゃべりします。

小掃除セットで楽々お掃除

34年前に買ったホーローの計量カップは、何度も床に落として、あちこち欠けて、サビも出てボロボロ。もう計量カップとしては使えないのですが、色も形もきれいで、どうしても捨てられません。

スポンジたわし入れ、サボテンの鉢、花入れ、色鉛筆立てと、いろいろやってみたのですが、どれもこれも似合っていないのです。

それでも、好きなものは邪魔にならないから、きっと何かに使えるはずと、いつも目にする場所に置きました。

ある日、使い古しのハブラシ、アイスクリームのプラスチックスプーン、プラスチックのショップカード、水糊のボトルに洗剤、を入れたらぴったりでかわいい。

これらは、床にこびりついた食べ物、水栓金具の周りの汚れなどをこそぎ落とすために重宝《ちょうほう》する小道具です。名付けて「小掃除セット」。

つい後回しになってしまっていたこそぎ落とし掃除も、道具がひとまとまりになって手元に置けるだけで、すぐに取り掛かれます。

特に、濡れた場所に置けるホーローカップがとっても便利。

今は割り箸に不織布を巻いた手作り道具や小さな亀の子束子《たわし》も入っています。

34 年前に買ったホーローの計量カップ。

専門店を上手に利用する

東急ハンズの時計工具売り場で「こじあけ」を買ってから、腕時計の電池交換は自分でします。電池は歩いて8分のホームセンターで600円ぐらい。ホームセンターで電池が売られているということは、自分で交換することができるということです。

20年前のホームセンターには腕時計用のボタン型電池はありませんでした。わざわざ東急ハンズへ買いに行っていたのです。ないと思っていたものでも、時代が変われば近くで手に入るようになります。

古い情報だけで思い込まずに売り場を歩きましょう。ないと決め込まずに訊

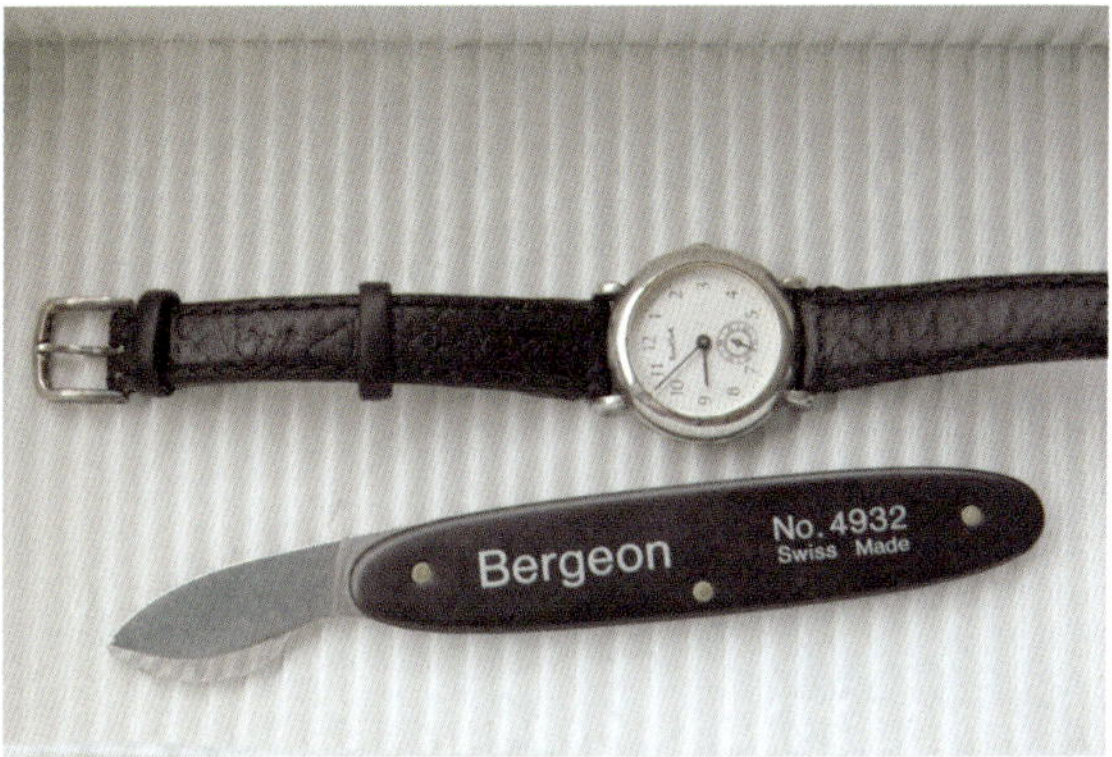

〔上〕東急ハンズで買ったスイス製のこじあけ。〔下〕形見分けのネックレスをつくり替えた手作りアクセサリー。

いてみましょう。取り寄せられることもあります。20年前、なぜ私はホームセンターで「腕時計用のボタン型電池はありますか」と訊かなかったのか、その後悔から、欲しいものがない時は、売り場で訊きます。ネットショップならメールで問い合わせます。

最近よく立ち寄るルミネ横浜店の「貴和製作所」。形見分けのネックレスをつくり替える時などに金具を買いに行きます。アクセサリーパーツの他に工具など必要なものが全部揃えられます。スワロフスキーのクリスタルビーズを眺めていると、アレンジがどんどん浮かんできます。

木箱のお針箱

私はどちらかというと、ものを捨てられるタイプです。自分に必要なものをキチンと選別ができるほうです。ものを捨てることにもさほど抵抗がありません。

でも、紅茶缶やクッキーの空箱がなぜか捨てられない。特に「デメル」のザッハトルテの木箱は特別に素敵です。持つだけでウキウキします。

今家にあるのは13・5㎝と15㎝のふたつ。

13・5㎝は手作りアクセサリーの材料入れとして。15㎝にはマキタの充電式掃除機の紙パックが40枚ぴったり入ります。倒れないようにワイヤを渡して掃除道具置き場の壁に貼付けました。

昔、17・5㎝で針箱をつくりました。糸と針とボタンとリボン、それに手芸用の小さなハサミぐらいが入るだけのかわいらしい針箱です。『暮しの手帖』（暮しの手帖社）などたくさんの雑誌に載せていただいたので、どこかで御覧になった方もいらっしゃると思いますが、簡単なのでつくり方を紹介します。

〈材料〉

「デメル」ザッハトルテの空箱17・5㎝

・仕切り用の板（厚さ0.5㎝、幅1.8㎝）

・木工用ボンド

〔上〕カステラの桐箱でつくった小さなお針箱。〔下〕マキタの充電式掃除機の紙パックを入れた、デメルのザッハトルテの木箱。

〈つくり方〉

仕切り用の板を適当な長さに切って、切り口に木工用ボンドを塗って貼付ける。底になる面にはボンドをつけない。仕切りを取り外す時は、切り口のボンドを湿らせると簡単に剝がれます。

数年前、ザッハトルテの空き箱はビスが緩んで壊れました。しばらくは紅茶缶やクッキー缶で間に合わせ、お歳暮でいただいたカステラの桐箱の幅がちょうどよかったので、葉書サイズに切り詰めて手縫い用のお針箱をつくりました。残った板でボタン入れの小箱や糸巻きもできました。カステラの桐箱はカッターで切れます。切り口を紙ヤスリで仕上げて木工用ボンドで貼り合わせます。

ミシン用のお針箱は「Q-POT CAFE.」のビスケット缶。縫い糸は手縫いもミシンもＩＫＥＡ。


キャンベルズ・パーフェクト・ティーの缶は彫金の材料と工具入れ。

ジュール・デストローパーのクッキー缶はティーライトキャンドル入れ。

ベロック・ティー・アトリエの紅茶箱はリボン入れ。紅茶缶は骨壺。

ザ・ペニンシュラのクッキー缶はボタン付け専用のお針箱です。ボタンとボタン付け糸と和ハサミを入れて。

ノルディックワセリンの缶にボタン付け糸と針を入れました。

ピエールマルコリーニのチョコレート箱はシーリングスタンプ入れ。

レ・ザンジュのプティ・フール・サレの缶はヘアゴムと髪飾り。

ダッチーオリジナルのジャムの瓶には手作り紐とハサミ。

Q - POT CAFE. のビスケット缶はミシン用のお針箱。

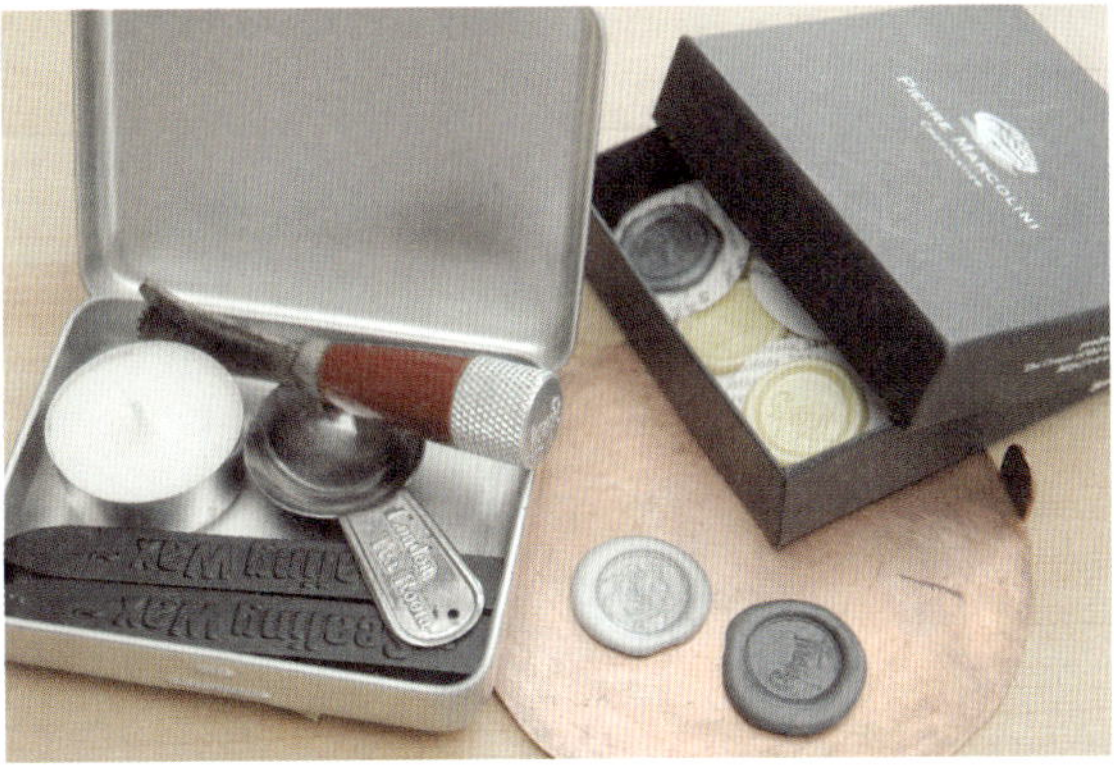

〔上〕左からザ・ペニンシュラのクッキー缶、ベロック・ティー・アトリエの紅茶缶、キャンベルズ・パーフェクト・ティーの紅茶缶。〔下〕シーリングスタンプはピエールマルコリーニの箱。

それら全部を息子のおもちゃ箱からつくり替えた棚箱に収め、家族にもわかりやすいように机の下に置きました。

葉々屋《ようようや》の紅茶缶ふたつは蓋に穴を開けてひとつは凧糸、もうひとつは銅線。

随分前のクリスマスシーズンに横浜元町で買ったクッキー缶はクリスマス飾り入れ。

ベロック・ティー・アトリエの紅茶がアメリカから送られてきた時の梱包用外箱は軍手入れ。

セブン-イレブンの「ラグジュアリソフトティッシュ」の箱は使い捨てのゴム手袋入れ。


どの缶も箱も古くなって、錆《さ》びて、へこんで、擦《す》り切れて、いい味になってきました。紙箱は角が壊れる前に古切手で補強します。

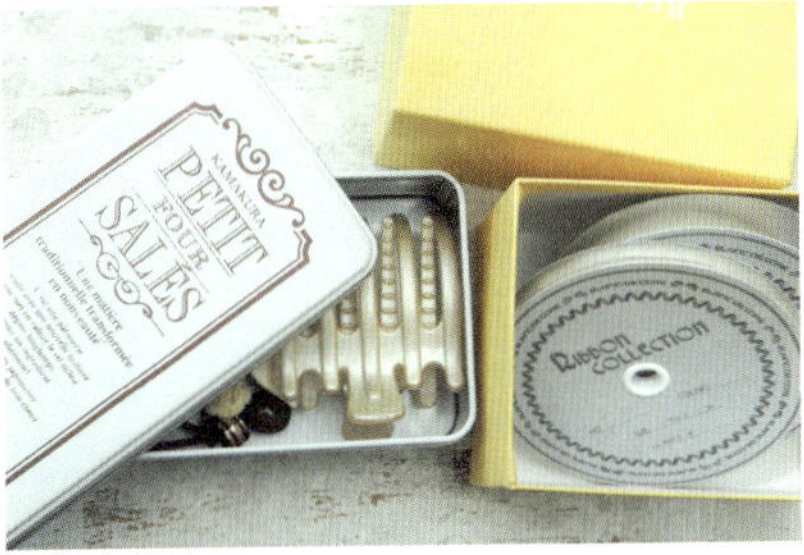

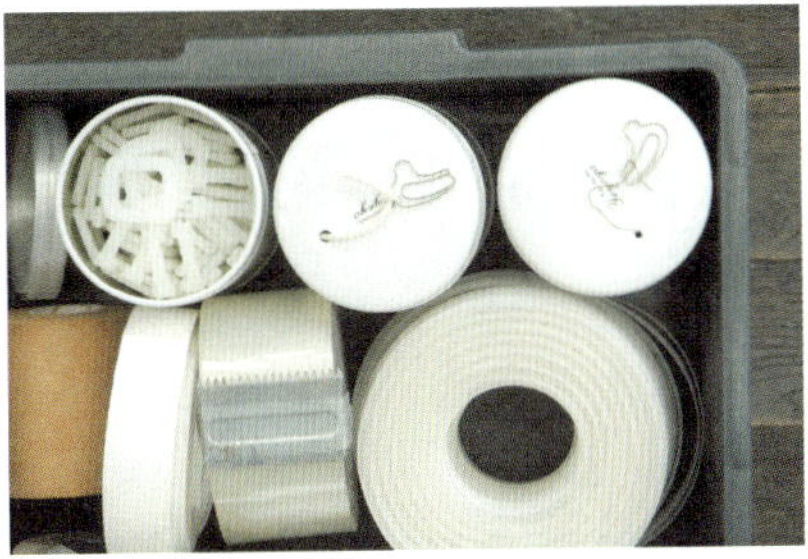

〔上〕ベロック・ティー・アトリエの黄色の紅茶箱。〔中〕おもちゃ箱からつくり替えた棚箱。〔下〕葉々屋の紅茶缶の蓋に穴を開けて、凧糸と銅線を収納。

リフォームでエプロンとパジャマパンツ

洋服を整理する時、夏物のコットンのワンピースは解《ほど》いてエプロンにリフォームします。といっても、私は布をまっすぐに裁《た》つことができません。ハサミで失敗するくらいなら、手で裂いたほうが簡単です。ちょっと乱暴ですが、これが案外上手《うま》くいきます。四角に裂いて周りをぐるりと布巾《ふきん》のように縫って、結ぶためのハンカチを対角線で切り、折りたたんで縫い付けます。

苦手なことは、それなりに工夫もします。道具も探します。

私のミシンは21年前に買ったスイスの「エルナ社」のミシンです。軽くてコンパクトで、美しい音色のミシンです。

リフォームしたコットンのエプロン。

21年経っても裁縫の腕はまったく上達せず、未だにエプロンとパジャマパンツぐらいしか縫えません。

真ん中が薄くなったシーツの縁部分ではエプロンとパジャマパンツを縫います。（上着は首が伸びてしまったTシャツが寝間着には丁度よい着心地です）

型紙をつくれないからシーツをふたつ折りにしてパジャマを直に当てて、鉛筆でなぞります。ふたつ折りにすると2枚ハギになるので、簡単に縫えて、外側に返しがないので乾きやすい。もちろんポケットは縫えないからなし。

トートバッグは角が擦り切れる度に小さく縫い直します。12年前にPLAZAで買ったディーン＆デルーカの帆布トートバッグは、今28㎝×18㎝のミニトートとトートバッグの中に入れるポシェットになりました。

〔上〕スイスのエルナ社のミシン。ペダルは空気圧。〔下〕小さく縫い直したディーン＆デルーカのトートバッグ。

残った積木でつくるトレーラー

息子がいとこの中で一番年下なこともあって、小さい頃にいろいろなおもちゃをお下がりでいただきました。たくさん集まったのが「レゴ」と「積木」です。どちらも高価なものだったから、本当に助かりました。

「レゴ」は手触りと音の響きがよく、色がきれいです。周りの子供達にも大人気で、みんなでよく遊びました。新しい宇宙シリーズなどを買い足したり、クリスマスのプレゼントにいただいたりして、倍以上の数に増えましたが、1個も残らず身内にお下がりできました。

「積木」は箱にきちんと収納できるきれいで新しいもの、古くても触感がよ

積木のトレーラー。長さは 130cm。

く、叩いて音色の美しいものは喜ばれましたが、バラバラで塗装もはげてみすぼらしくなってしまったものは引き取り手がなくて残りました。

私が、

「絵本や大きなスケッチブックと工作用紙を、子供が自分で取り出せるようにしてやりたい」と言った時、それじゃあと夫がつくってくれたのが「積木のトレーラー」のマガジンラックです。ベニヤの荷台に絵本やスケッチブックを積みます。丸いタイヤももとは積木で、動きます。形ができたら真鍮《しんちゅう》の釘《くぎ》で打って、全体をスプレー塗装して完成です。

喜んだ息子が家中走り回って遊んでぶつけて、あちらこちらに積木のもとの色が出てきました。その塗装のはげ具合が味になって気に入っています。

今、このトレーラーは荷台をふたつに切って、高さ半分で倍の長さになりました。筆記具や小物入れとして息子の机の上にまだあります。

シルクもウールも、自分で手洗いしてみる

シルクのスカーフもウールのセーターも麻のジャケットも、自分で洗います。

お湯のほうが楽に汚れが落ちると思いがちですが、いっしょに色も落ちるから水で洗います。軽く押し洗いした後はバスタオルでくるくる巻き、いっしょに洗濯機で軽く脱水した後、部屋干しです。

全体が乾いたという感じでも、外で干すようにパリっと乾いていないのがいいのです。仕上げはドライアイロンです。シルクとウールは低温。リネンはスイッチを入れないコールドアイロンです。

12年前に「松屋銀座」のデザインコレクション売場で、イギリスの「ヘイドン社」製のワイヤレスアイロンを買いました。1万4800円。

それまで日本製で1kWぐらいのドライ専用のアイロンを探していたのですが、ドライアイロンは0.7kWで、スチームアイロンでも1kWかせいぜい1.2kW、その上、ピンクかミントグリーンなどの色使いで、アイロンは女の仕事って決めつけられていやな感じです。

そこに出てきたのが1.5kWのワイヤレスアイロンでした。箱がないのでコンパクトに収納できます。何と言ってもデザインがいい。

アイロン台は使いません。ダイニングテーブルにふたつ折りのバスタオルを敷くだけですが、「アイロン掛けにいいわよ。私も使っているの」と夫のいとこがアメリカから2枚送ってくれたポリエステル12％入りのバスタオルで、滑

ヘイドン社のワイヤレスアイロン。

りがすごくいいのです。

２０１４年、バスタオルのアイロンマットは8年前に擦り切れてしまい、今使っているのは2枚目です。ヘイドン社のアイロンは26年目になりました。雑誌に載せていただく度にどこで買ったのですか、と問い合せがありますが、17年前にロンドンへ行った時に電気屋さんで見たヘイドンのアイロンは無印良品のような白いデザインでした。

散歩がてら買い物の愉しみ

ウィークデーに散歩がてら行くＩＫＥＡへは道草と買い物を含めて往復４時間です。

売り場開店の10時より早い９時半から開店しているレストランは、ウィークデーの10時までは温かいコーヒー、紅茶、緑茶が無料です。ゆっくりお茶をいただいてから売り場を散策。ＩＫＥＡはいつも何かしらセールをしているので、値下がりを待っていた商品に当たるとうれしい。

誕生月は２０００円以上の買い物が５００円引きになるチケットがあるので、ミシン糸、ティーライトキャンドル、ペーパーナプキン、電池などの定番の消耗品を買います。ＬＥＤ電球もお薦め。

白熱電球40Ｗ相当（４００ルーメン）温白色２７００ケルビン、ＬＥＤ寿命２万５０００時間、出力６Ｗが５１３円（２０１４年５月）。食料品売り場では他では見ないオレンジ＆エルダーフラワージャムとチーズを買います。

１年以上、使う度にガタン、ゴトンとうるさいので買い替えを考えている洗濯機を見るために家電量販店にも立ち寄ります。今使っているシャープの乾燥機能付全自動洗濯機７㎏は２００４年購入で４万１０９１円でした。この10年でシャープの洗濯機は著しく進化しています。

インバータになって音が静かで省エネ。でも、買いたい容量８㎏の蓋がピンクでした。ピンクは我が家の洗濯機置き場の壁に似合わない。７㎏にするとインバータでなくなる上に、洗濯槽が今より小さくなってしまうから、ベッドパッドが入らない。

次回の新商品に持ち越しです。「シルバーか白を待っています」とシャープの「お客様の声」に投稿しました。

掃除機は2013年に充電式マキタCL-103Dに買い替えました。リチウムイオン充電池で、充電時間が3時間。連続使用時間は強で15分、標準では30分です。マキタ家庭用充電式掃除機の中で最も高性能です。

帚も使うので100㎡の我が家で充電は週に2回。この掃除機にまったく不満はないのですが、ちょっと気になるロボット掃除機。

洗濯機を見るついでにロボット掃除機の新商品を使ってみます。進化のほどがこれほど面白い家電製品はない。ベッドの下に入る薄さになったら買いたいと心待ちにしています。

小物家電も面白い。実は私の開発商品として2014年2月に電池式6Vの小型ブレンダーが貝印より商品化されることになっていたのですが、延び延びになったままです。代わりになる商品を探しているのですがありません。

最近これいいな、と思っているのは、デロンギドリップコーヒーメーカーCMB6-EG。置き場所さえあれば買いたい。

イタリア、プラストメカニカの黄色のゴミ箱と赤いマキタの掃除機。

今どきの葬式

7年前、夫の母が93歳で亡くなりました。前日の食事はいつもと変わらず、夜は映画『サウンド・オブ・ミュージック』を観て就寝。翌朝、夫が様子を見に行ったらベッドで眠るように亡くなっていたそうです。私は実家の墓参りのために留守でした。

姑は80歳の時に献体を希望して自分で手続きを済ませてありました。戒名も存命中につけていただきました。

近親者のみのささやかな通夜の後、献体先の大学病院へ運ばれたそうです。

それより3ヶ月前、姑から片付けを頼まれました。

姑はとてもおしゃれな人で、私の10倍以上の服とバッグとアクセサリーと靴を持っていました。

それらを納戸《なんど》から運び出すと、10年以上も腕を通さなかった服はシミだらけでした。シルクのスカーフは安全ピンをつけたままになっていたためにサビが出て、それがキズやシミになっていました。バッグはひとつひとつ袋に入って箪笥《たんす》の上に並べてあったのですが、中を開けるとカビだらけでした。

アクセサリーはどれもくすんではいたのですが、磨くときれいになりました。

姑の趣味はぬいぐるみづくりとステンドグラスでした。納戸の段ボール箱に詰め込まれたぬいぐるみはシミと虫食いだらけでしたがステンドグラスは拭《ふ》けばきれいになりました。

使うものだけを簞笥に戻し、取り出しやすくなると、それだけで介護が随分楽になりました。

3ヶ月間で片付けはほぼ終わっていました。

壁を塞《ふさ》いでいたもので飾ることができなかった絵画を納戸から出して壁に掛けると、姑はとても喜びました。

姑はおしゃれな人でしたがどういうわけか法事の用意がありませんでした。法事の時は私から数珠を借りて出掛けました。叔父の葬儀では、姑が私の洋服と数珠を使ったために、私は普段着のまま数珠は持てませんでした。

片付けをしていると、箱に入ったままの桃色珊瑚《さんご》と翡翠《ひすい》の数珠が出て来ました。姑は数珠を持っていたのです。

水晶の数珠。葬儀用の小物はひとまとめに。

私の結婚の支度だった水晶の数珠を見た時、姑はそれが気に入って、法事の度に借りに来ていたのです。

それほど姑はおしゃれな人でした。

通夜ではアクセサリー、傷んでいない服、靴など身の回りの品を形見分けとして持ち帰っていただきました。珊瑚と翡翠の数珠も誰かが貰ってくれました。残ったものの中から私もいくつかいただきました。

後日、義姉、姪《めい》、甥《おい》が、思い出にと絵画やステンドグラス、食器を持ち帰りました。生前にすべては早いもの勝ちで憎みっこなしと話し合っていたので、取り合いになることはありませんでした。

葬儀を行わないのは姑の遺言でしたが、それでは、寂しいからと知人のウェブデザイナーに頼んでホームページをつくりました。

生前の旅行写真や趣味のぬいぐるみやステンドグラスの作品を載せ、献体から戻ってきた骨壺の納骨など3回忌まで更新しました。

「葬儀をしないと後々になって訪ねてくる人がいるから対応が大変だよ」と助言してくれた人がいるのですが、すべてメールで済み、対応に混乱するということはありませんでした。

葬儀は本人の希望に残された家族や身内がどれだけ沿えられるかということが一番大事だと思いました。葬儀においては、好き嫌いは暴言です。こうあるべき、というのもつつしみたい。どうあっても、「いいお見送りでした」と労《ねぎら》いの言葉を掛けるのが周りの礼儀です。

60代になってから友人達が集まると必ずお墓や骨壺が話題になります。病気話より深刻さがなく、あっけらかんと話せます。

「もう骨壺を用意したよ。いつ死ぬかわからないからね。樹木葬の抽選に申し込んでいるけれど、今年も落ちた」と、火葬場で買ったという白い磁器の骨壺とパンフレットを友人が見せてくれました。東京都の樹木葬は生前に支払いを済ませるのだそうです。

骨壺はウェブショップで買う時代だと教えてくれた人もいました。伊万里焼《いまりやき》や九谷焼《くたにやき》もあって翌日に届くそうです。叔母の葬儀の時、従姉妹が耳元で囁《ささや》きました。

「智子ちゃん、大理石は止めたほうがいいわよ。重くて持てないわ」

私は夫と骨壺を用意しようと話し合いました。

去年の誕生日に息子が贈ってくれたアメリカの「ベロック・ティー・アトリエ」の紅茶缶の大きさとデザインを夫が気に入って決まり。缶の中には骨を入れる小さなオリーブオイルの瓶と短くなった月光荘の8Bの鉛筆と小学生の息子がつくってくれたブローチと50年前に従兄弟からの修学旅行土産だった椿の実とシリカゲルも入れました。

スーパー、コンビニに置いてほしいものを提案する

専門店では売り場で訊くと対応が早いのですが、スーパーマーケットとIKEAはお店に設置されている「お客様の声」への投書が有効です。

投書したからといって、すぐに叶うものではありませんが、不便だとか、いいものがないと愚痴《ぐち》るくらいなら、ダメモトです。

私がずっと欲しいと思っているのは「白いスポンジたわし」と「白い頭薬のマッチ」。

近所のスーパーのすべてに投書したのですが、まだ売り場にはありません。多分商品がないのだと思います。それでも、時々、書きます。そのうちきっと

どこかのメーカーがつくることを願って。

「黄色いテイラーメジャー柄のマスキングテープ」も欲しい。電子レンジで使える「耐熱ガラス蓋」も欲しい。「56㎝黄色アンティーク柄のバンダナ」も欲しい。これらはネットショップにも投書しました。

ヨドバシカメラはとても親切です。「在庫なし」となっていたキッチン温度計の再販をお願いしたら取り寄せで購入できました。

気に入った同じデザインの洋服を何枚も持つ

若い頃、夏の外出には制服のように着ていたリネンのワンピースがありました。リネンは丈夫で12年着続けたある日、洗濯機から出したらビリビリに裂けていました。流行が変わってリネンのワンピースは見掛けなくなりました。

2年前、ＩＫＥＡでみつけたリネンの掛け布団ダブルサイズと枕カバー2枚セットは、それまで見たどのリネンより上質で値段が安い。このリネンでワンピースが縫えると思いました。幸い、同じデザインで冬用のウールを持っていたのです。

それを持って、雑誌の取材が縁で知り合いになったデザイナーの高木さんにお願いしました。

真っ白なリネンのワンピース2枚と丈が違うだけのブラウス4枚に仕立てられました。数年はしっかりアイロンを当てて外出着として、その後は洗いざらしで普段着にします。オーダーメイドの普段着は贅沢《ぜいたく》ですね。

でも、何度洗ってもほつれないように縫製をお願いできました。2枚ハギで乾きやすい。ポケットなし。薄くなってもリネンは丈夫です。

2枚ハギなら、着心地もよく、おいおい寝間着に下ろせます。60歳を過ぎると、似合う服を探すのは大変です。

外出着から普段着、寝間着になってもそれぞれに着心地がよいオーダーメイドは経済的かもしれません。

IKEAへ行くと掛け布団カバー売り場が楽しみです。次はコットンでつくりたい。

不用品は例外なくタダです

結婚した頃から、周囲に提案してきたことは、

「不用品のやりとりはタダにしましょう」

ということです。

どんなに高価な家具も、新しい洋服も、不用品なのだからタダです。コンサートのチケットも、自分の都合で行けなくなったのだからタダ。

最初でこそ、

「タダでもらうのは気がひけて」

と戸惑いもあったらしいのですが、誰かが20年も言い続けると、周りもそん

なものなのかと慣れてきます。

「いただきます。うれしい!!」

とさっぱりしたものです。

レーザーディスクを処分した時も、『麗《うるわ》しのサブリナ』やヒッチコック監督の『ロープ』など古いものは、今さら誰も観てくれないだろうと思いながらも、リストをつくって回覧すると、あっという間に1枚残らずなくなりました。

仲間うちが集合するクリスマスパーティで、不用品交換会を計画した年も、何も持ってこなくても欲しいものは早い者勝ちで、全部がタダです。

30年経っても仲間うちが集まると相変わらず、不用品交換会です。

「散歩中にマフラーを外したらバッグから落ちてなくしてしまった」

と言ったら、美幸ちゃんがマーガレット・ハウエルのスカーフ、純子さんがパシュミナをくれました。

気に入っているシーリングスタンプと彫金の道具もお下がりです。

不用品は最低でタダ、最高でもタダ。例外はありません。

1週間で5kgのダイエットなんてとても無理

ダイエットなんて簡単、1週間で5kgは大丈夫と高を括《くく》って40代を過ごし、気がつくと結婚時から13kgも太ってしまいました。太る原因は食べ過ぎと運動不足です。

来客が多いので美味しいものをいただく機会が多いのです。「鈴懸《すずかけ》」の鈴乃最中《もなか》と鈴乃◯餅。「黒松本舗草月《くろまつほんぽそうげつ》」の黒松。「ラ・メゾン・デュ・ショコラ」のトバゴ。「レ・ザンジュ」のプティ・フール・サレ。「ダッチーオリジナル」のオーガニックジャム。

私の仕事が忙しいと夫が買い出しをして料理をつくります。掃除と洗濯とベッドメーキングではまったく運動にはなりません。庭の手入れは運動と意識して2時間働くとかなり効果はあります。

調べもので図書館の往復は散策を兼ねてちょうどよい6キロですが、パソコンで済むようになって月に2、3回に減りました。

このままではいけない、と週に1回、10キロ以上歩くことにしました。生活道路以外を歩きます。

玄関先にシバザクラを密生させたお宅があって「見事ですね」と声を掛けたら、

「猫避《よ》けなのよ。シバザクラは最初の年は葉がやわらかいのね。でも翌年から杉の葉のように固くトゲトゲしくなって、猫が嫌うの」

ずっと猫の糞尿に悩まされてきたとのこと。

「ここは荒らさなくなったけれど、向こうにするのよ。困っちゃうわ」

と庭木の下を指差しました。

シバザクラは日向《ひなた》を好むから庭木の下では育ちません。

「いろいろやってみたけど、効果があるのはどれも最初だけよね」。

我が家は狸《たぬき》に困っています。猫は花を荒らすことまではしないのですが狸は花壇を踏みつぶして獣道をつくります。

我が家の狸対策をご紹介しましょう。

草が生えて欲しくない場所にはコーヒーカスを撒くと草も生えにくくなって、狸が近寄りません。狸はコーヒーカスのツブツブが嫌いみたいです。苗を松ぼっくりで囲うと荒らされません。獣道になりそうな場所のドクダミは抜かない。

タイのお土産に殻付きのマカダミアナッツをいただいた時、殻が固くて万力で割りました。その殻を花壇の中に撒いたら狸が入らなくなりました。

別のお宅では、

「これはニリンソウですよね。植物図鑑で見たことはあるのですが実物を見たのは初めてです」と声を掛けると、

「そうです。ニリンソウは山野草だからこんな日当りでは育つか心配だったけれど、毎年元気に咲いて増えるの。隣はワレモコウですよ」

「ワレモコウは知り合いの庭から分けてもらったことがあるのですが、うちの庭では育ちませんでした」

「これもどんどん増えちゃって手に負えないから、よろしければお持ち下さらない？」

とおっしゃっていただいたのですが、一時間も持って歩けそうになかったの

で、そのお庭でワレモコウが咲くのを楽しみに待ちます。

でも、あの時分けていただけばよかった、とちょっぴり後悔。

「ご自由にお持ち下さい」と花苗のポットを並べる花畑があります。

「どうぞお掛け下さい」と長い坂道の途中にあるお宅はベンチを置いています。

話が横に逸《そ》れました。ダイエットは2年で6kg減です。散歩ダイエットは効果ありです。目標はあと6kg。

シーツはIKEA、バスタオルは無印良品

40代はリネンのシーツを使っていました。乾きやすいから洗い替えを持たずに1枚で3年持ちました。綿は乾きにくい分、長く干すことになって紫外線で生地が傷みます。

50代半ばを過ぎたころ、リネンの重さが気になり始めました。重くて洗濯機から取り出せない。やっと取り出しても、干すのにもひと苦労です。リネンはだんだん薄くなって、買った時の半分の重さになっていたけれど、それでも重い。

これでは次は絶対に無理だと思い、他の素材を探して2001年に辿《たど》りつい

たのが、IKEAのコットン50％リヨセル50％のフラットシーツでした。
シーツは短くても長過ぎてもベッドメーキングがし難《にく》いのだけれど、IKEAの240㎝×260㎝シーツは我が家のマットレスサイズ180㎝×200㎝にピッタリでした。

折り返しが小さいので軽く、リネンのように乾きやすいから紫外線からの傷みが少ない。洗い替えなしで3年半以上持っています。リネンより長持ちでリネンよりずっと安い3075円（消費税込2014年5月）。

バスタオルは2011年に無印良品でコットン100％70㎝×140㎝、それまでのパイル地から蜂巣織に替えました。他のメーカーでは蜂巣織リネンやリネンとコットンの混紡もあり、そちらのほうが乾きやすいのですが、洗濯機から出した時の軽さで選びました。

買った時の重さが210gで3年以上使っても重さがほとんど変わらない。

つまり薄くなっていないということです。吸水性も落ちません。50歳を過ぎたらすべては軽さで選びます。洗濯機の性能が向上しました。洗濯機が生地を傷めることはほとんどありません。

小さな原っぱをつくる

家の屋上は花壇です。

40代は原っぱのような自然なままにしたいと考えていたのですが、60代になるとそれも難しくなってきました。

私の場合、40代より50代より、60代の今のほうが忙しいのです。エッセイ集のための執筆はほぼ毎日。その他に雑誌の連載、取材、原稿依頼、通販商品選び、商品開発、商品評価、月刊誌に掲載された記事が翌年ムックに再編集されると校正紙のチェックが入ります。

仕事量が増えたのではなく、40代に1時間でできたことが60代では倍以上の時間を要するからです。年をとって時間が短く感じるのは何をするにも時間がかかるからですね。

台所道具の展示会にも行きます。商品開発では外での打ち合わせもあります。

原稿締め切り日であっても若い編集者の方から「パン特集を予定しているので、いろいろ教えて下さい」とのメールが入ると、メールのやりとりをすることになります。

手がかけられなくなった屋上はいつしかメキシコマンネングサとクローバーとミントとハナニラとマツバウンランだけになってしまいました。夏から秋はこぼれ種から空色のアサガオが咲きます。

年をとるということは、諦《あきら》めること。しがみつかないこと。

子供には小さい頃からいい道具を使わせる

息子が3歳を過ぎた頃、工作用のハサミを与えました。

選んだのは、「銀座・伊東屋」で買った「ドボ」のハサミです。ステンレスで、長さ約11㎝、重さ約25gです。歯先が丸く、子供が安全に使えるようによく切れます。

小さいうちからいい道具を使わせたいと考えていたので、当時の値段1900円はまったく気になりませんでした。あまりの使いよさに夫の分と私の分と2本買った時が1600円。その後台所専用に買った4本目は1300円でした。円高のお蔭です。「ドボ」のハサミは、時々ミシンオイルを注《さ》して、トクサで磨く程度のメンテナンスで切れ味は変わらず、今でも使っています。そう考えると、安い買い物でした。

息子が絵を描き始めた2歳の頃から、クレヨンと絵具は「ペリカン」「カランダッシュ」「ステッドラー」「月光荘」から選びました。スケッチブックも「月光荘」です。

小学校に入学した時に配られたのは、12色の「ぺんてる」のクレヨンでした。自慢に聞こえるようですが、息子が描いた絵は、横浜美術館にも展示され、教科書にも載せていただきました。その度に、きれいな色、明るい絵と評価されました。小学校で配られるクレヨンが濁って暗い色なのです。

私は「銀座・伊東屋」で、「ぺんてる」の単品の中から選んで、そっくり中身を入れ替えました。きれいな明るい色のクレヨンを持たせれば、きれいな明るい絵を描きます。

30年以上愛用しているドボのハサミ。

日用品のストックは半年分

日用品は使い切ってから買うのが原則なので、ほとんどストックしません、とは40代まで。

40代ならトイレットペーパーは最後の1個になってからでも、買いに行けます。でも50代になると、すぐには行動できません。雨はもちろん、小雨予報でもダメ。

雪などとんでもない。風もダメ。花粉の多い日も、最高気温予想が32℃以上でもダメ。今日もダメ、明日もダメ、明後日もダメ。そんな日が続きます。

50代に入ったら他のものを処分して日用品のストックスペースを確保しま

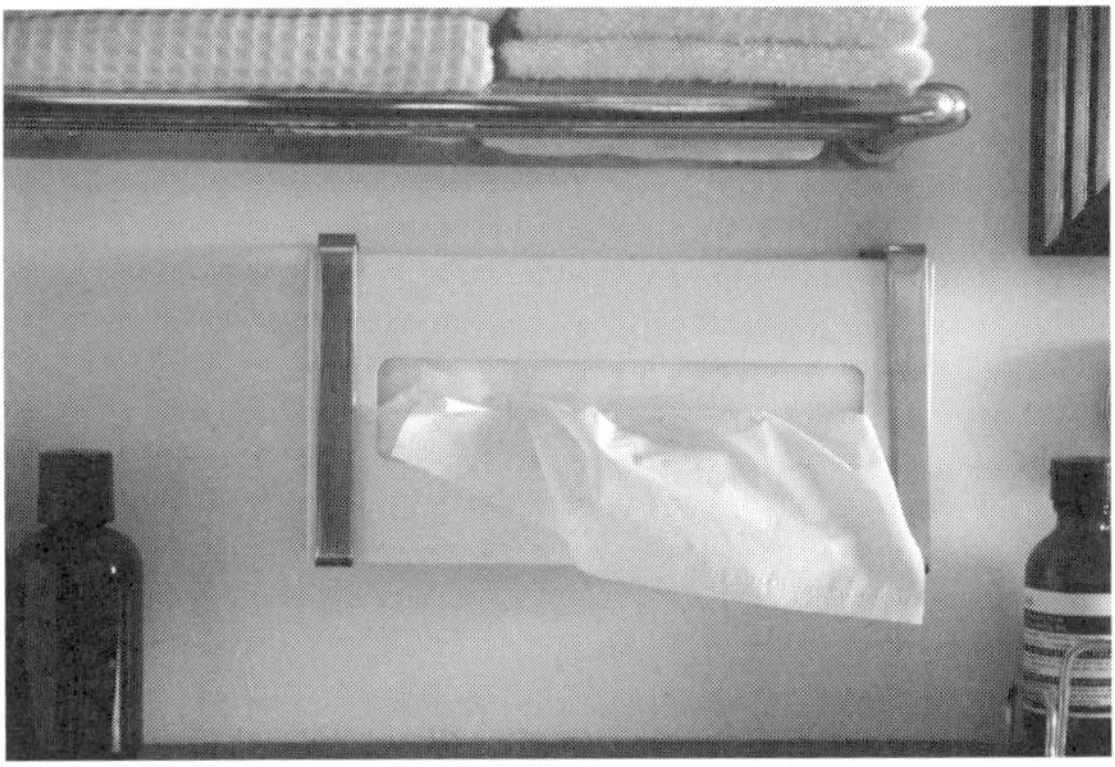

こだわりの白い箱のティッシュ・ペーパー。

す。そして、60代は半年分が安心の目安。歩いて10分以内にホームセンターがあったとしても、半年分。

買うのは春と秋のお天気のよい日と決めると、寒い冬と暑い夏にストックを気にせずに過ごせます。普段は時々売り場をチェック。新商品や値段を比較します。安いとよく見たら、容器は変わらないのに中身が少なくなっていたりしますからね。

こだわりのある白い箱のティッシュ・ペーパーをイトーヨーカドーへ往復1時間かけて買いに行きますが、図書館で調べものをする帰りに寄るので気になりません。

トイレットペーパーは西友でネピアの75mシングルロール。洗剤と漂白剤とシャンプーとハンドソープの詰め替え用はセブン-イレブンのPB商品。ボディソープは西友でアイボリーボディソープのアロエ。

ひと足早く春の野遊び

春の野遊び。

庭先に地面を這《は》うように咲き始めた草花は切り花にはできませんが、根ごとそっと掘り起こして、しばらく水に浸した後、やさしく土を洗い流して、水の入ったコップやマグ、空き缶（紅茶の缶は水が漏るので中にコップを入れます）などに入れておけば、ひと月ぐらいは育ちます。

半日ほど陽の差し込む明るい場所に置いて、時々水を替えます。

シロバナタンポポ、タネツケバナ、ナズナ、サギゴケ、アジュガ、スミレ。

室内のほうが外より温かい季節に、ひと足早い春を楽しみます。

シロバナタンポポは2日か3日で花がしぼんでしまいますが、その後綿毛になってまんまるに開くのを見た時は、感動しました。

シロバナタンポポって自家受粉なんですね。

陽の差し込む明るい場所に置けば、早めの春を楽しめる。

エンディングノートを用意しました

50歳の時、外での打ち合わせや対談用にシステムノートを買いました。それがだんだん重くなって2年前、夫の友人がパリに行くというのでメルシーのノートを頼みました。Ａ４サイズでシステム手帳の１／３の軽さ。３冊あるので一生分の打ち合わせに十分です。

さて、システム手帳はどうしよう。パソコンの時代にシステム手帳を持ち歩く人は周りに居りませんでした。

エンディングノートを書こうと思った時に、思い出したのがシステム手帳です。黒の牛革の表紙に６穴バインダー。仕事ではパーカーの１０００円ぐらいのシャープペンシルがお気に入りで挿していたけれど、エンディングノートには月光荘のちびた8Bの鉛筆が似合う。

1ページ目には遺言。

私が死んだら知らせる人はいません。いつか、誰かが電話してきても、いつものように留守電にしてあるから気がつきません。パソコンにメールしてきても返信しなければそのうち忘れます。多少迷惑がかかるかもしれないけれど、死んだのだから許してくれます。

3年も経って近所の方が「最近お見掛けしないと思っていたら、とうに亡くなられたそうです」と噂するぐらいが私の始末にはちょうどいい。はい、さようなら。

2ページ目は骨のこと。

骨壺は机の下の棚箱にある「ベロック・ティー・アトリエ」です。中に骨の粉を入れるために小さなオリーブオイルの小瓶が入っているけれど、骨は入れずに庭のヤマアジサイの下に50㎝の穴を彫って埋めてください。30㎝ではダメです。モグラのジャマになりますから。

骨は全部火葬場で捨ててください。納骨は形式的な儀式ですからよろしくね。本心を言えば、骨壺も用意したくなかったのです。でも、弔いをする人は戸惑うでしょう。骨壺があれば中に骨が入っていなくても体裁が整います。他のことは「遺言による本人の意向に沿いたいと思います」で通してください。みなさんわかって下さいますから。

これは今の私の気持ち。気が変わって献体にするかもしれません。その時はビリッと破いて書き直し。お花見を兼ねて生前葬をやると言い出すかもしれません。

3ページ目は形見分けのこと。

エンディングノートにしたシステム手帳と月光荘の８Ｂの鉛筆。

形見分けは生前に少しずつ済ませようと思っているけれど、いつ死ぬかは私にもわからないのだからいくらかは残るでしょう。シルクのスカーフ、カシミアのストール、アクセサリーなど身につけるものは早いもの勝ちで差し上げてください。

私は姑の持ち物整理で苦労したので、なるだけ少ないもので暮らしていきます。

でも、葬儀と埋葬と最後の形見分けだけは自分ではできません。だれかにやってもらうことになるので、その人の負担を少しでも軽くしたいと思っています。

4ページ目からは息子のために我が家の料理レシピを残したいと思っています。

ＩＫＥＡの羽毛布団

我が家の物干し場は、約13㎡とちょっと広めで、パオロペという水にも浮かないような、堅い木のデッキです。

無塗装のまま外で使えて反《そ》り返りません。メンテナンスフリーです。玄関や応接間よりも床が大事だからとお金をかけました。手入れの大変なものは結局高くつくわけですから——。

デッキ幅いっぱいの3.6ｍのアルミパイプ２本が物干し竿《ざお》です。ダブルサイズの羽毛布団も楽々持ち上げられ、ふたつ折りのベッド用シーツが床に垂れない高さ1.3ｍです。この高さは室内側からの視界を妨げません。

羽毛布団は干さないほうがいいと言う人もいるのですが、晴れている日にふとんを干さないと気持ちが落ちつきません。時々、カバーをつけないままの羽毛布団を干しているのを見ることがあるのですが、生地が傷まないのでしょうか。私は必ずカバーをつけたまま干します。冬はその上に黒のウールのブランケットを掛けます。2時間ぐらいしか干せない日でも、フワフワに軽くなります。おてんとうさまさまですね。

と2000年に書きました。

当時は庭の桜も今ほどには大きくなく、毛虫を餌に遣《や》って来る野鳥も少なかったのです。

10年程前から、朝夕にオナガ、昼はシジュウカラとメジロがいっしょに、モズ、コゲラ、ウグイス、アオジなどの野鳥がひっきりなしに訪れます。洗濯物を干すと警戒して近寄りません。特に掛け布団にブランケットを掛けるとその間はまったくさえずりが聞こえなくなります。

布団干しより野鳥が優先です。野鳥が来なくなったらきっと桜は毛虫だらけになり、他の庭木にはアブラムシが着くかもしれません。野鳥のおかげで薬を散布せずに近隣の方々にも庭を楽しんでいただけます。

天気の良い日の洗濯物は2、3時間で乾くので外へ干します。曇りや雨の日に洗濯物を干せる場所を家の中に造りました。

最初の羽毛布団は34年前にドイツの「クエレ社」から個人輸入しました。円高で1マルクが100円を割り込んだ頃ですが、当時はデパートで買う輸入品はまだ高いという印象が強く、特にドイツ製の寝具は、目玉が飛び出るほど高価でした。

ファックスで注文して船便で1ヶ月待たされて、税金を郵便局で支払ってでも、個人輸入したほうが、ずっと安かったのです。

３年前、ＩＫＥＡの羽毛布団に替えました。34年前のドイツ製の布団は羽毛の量が多く、真冬でも湯たんぽだけで毛布を掛ける必要がなかったのですが、夏場の収納にかさばって困りました。

ＩＫＥＡは半分の量で、クッションぐらいの小ささに畳めます。冬はウールのスローケットを重ねます。毛布ではなくスローケットにしたのは寝室の椅子に無造作においてもズボラに見えないから。毛布より少し小さいサイズでベンチの昼寝にちょうどよく、畳むのが楽です。

湯たんぽの他に寝る前の３時間は電気敷毛布を使います。電気敷毛布１時間の消費電力量は35ｗｈです。３時間使って約３円。

34年前に買った蕎麦殻《そばがら》枕が擦り切れた時、クッションサイズに縫い直しました。枕カバーはリネンのクッションカバーです。

ウールのスローケット。大きすぎないのがいい。

中高年にもっとおしゃれを

2歳年上の姉は、20代からサイズが変わらず、7号かデザインによっては5号も着られるうらやましいスタイルです。

私と言えば、昔は7号だったと叫んでも笑われるだけ。今や11号も危ういから無理もありませんが……。

最近は、ストーンとかかとまでのワンピースか、ウエストゴムのニットのロングスカート。脚は出せません。

いわゆるデパートの中高年向け売場にはなじめません。ベージュのようなオリーブグリーンのような、グレーでもなくマロンとも言えない、絵具の筆洗いバケツの洗水のような、なんとも説明のつかない、そんな色の服は着ません。

姉は、いつもデパートのSサイズコーナーの常連です。上着はともかく、スカートの丈が合わなくて、いつもスラックスになってしまうと嘆きます。

スカートは丈を直すと全体のデザインが崩れます。ウエストを58㎝から70㎝までつくるのなら、身長に合わせた丈も3種類ぐらい揃えると、もっと幅広い年齢層の人達がオシャレを楽しめると思うのですが。

靴は2009年に買ったコールハーンのローファーと2012年にカタログハウスで買ったハーディ・ストロバー社のレディスハイカット。夏でもサンダルは履かなくなりました。冷房の電車や建物で足が冷たくなると体温調整ができません。

バッグは1994年の夏に買った牛革トートが冬には似合わないので201

3年に冬用牛革トートをアマゾンで買いました。

ポケットなしのトートバッグを選んだので紀ノ国屋のエコバッグを入れたナイロンポーチとディーン＆デルーカのシーチングギフト袋でつくったバゲット用布バッグを入れたポーチが仕切り代わりです。

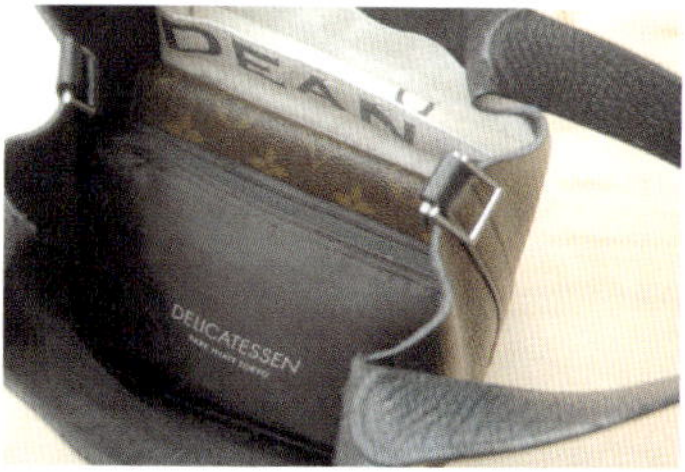

ディーン＆デルーカのトートバッグでつくったポーチ。

自分に合った
スタイルを
追求する

自分の買ったものをホームページに載せる

40代の頃は雑誌に台所が載る度に、

「どこで買えるのですか？」

と読者からの問い合わせがありました。冷蔵庫、オーブン、炊飯器など家電製品から、クレンザーのボトルまで。

あまりに聞かれるので、買ったものは1枚1枚写真に撮って、買ったお店と値段を書き入れたファイルをつくりました。

それまでカメラを持ったことはなく、夫のお古で最初はフィルムの入れ方も覚えられないという有様でした。それでも、人に見せるからにはいい写真を撮りたいものです。誰に習ったわけでもありませんが、ほめて下さるのが励みになって、それなりに上達しました。

カメラに慣れたといっても、写真を撮るのは家の中と庭の花だけです。子供の入学式や卒業式の写真も撮れません。旅行にカメラは持って行きません。

生活しているうちに、ものが増えて、ファイルもだんだん厚く重くなってきました。ひとつひとつ撮っていたのでは、1冊に収まらない。

食器とティーポット、キャンドルウォーマー、カトラリーをテーブルコーディネイトして撮るようになりました。室内は雨や強風の翌日の自然光で撮ります。庭は朝早くか夕方のほうが花も木々の緑もより生き生きと撮れます。そんなことがわかって、また少しカメラの腕が上がりました。

1999年、このファイルがきっかけになって、『PLUS 1 Livin

g』（主婦の友社）で「楽しいハウスキーピング」というページを持たせていただくことになりました。台所道具や生活にかかわる家事が楽しくなるような商品を毎号紹介しています。

２０００年に初めてのエッセイ集『大人のための素敵な良品生活のすすめ』が出版されました。

編集担当者の方に説明するために原稿用紙の余白に描いた簡単なイラストが表紙に使われました。その後しばらくは雑誌のエッセイにイラストも描きました。

２００１年に自分専用のパソコンを買ってホームページ「石黒智子のＬｉｆｅ Ｓｔｙｌｅ」を開設。画像つきの「一日一文」を毎日更新してきました。台所道具の使い方や日々の暮らしを綴《つづ》り、読者からの質問にもなるだけお答えしています。検索は「石黒智子」で。

エッグコッドラーとソルトシェーカー。

「収納名人」の知恵にはまず反論してみる

例えば「収納名人」と呼ばれる人が、

「スパイスやドライハーブは、すぐに手の届くところのラックやスタンドに合わせて、同じ大きさの容器に詰め替えてラベルを貼れば、無駄なくスッキリとゆとりのある美しい収納になります」

と言ったとします。

あなたは、なるほどそうかとガス台の前に棚をつくりますか？　スパイス専用のラベル付きボトルを買いますか？

それとも、コショウ50mlは3ヶ月分だけどシナモンなら3年分。同じ大きさの容器でいいのかな。いちいちラベルを読むなんて面倒とはねつけますか？

また、別の「収納名人」はこうも言います。

「パセリはグリーンのキャップ、パプリカはレッドのキャップにして、冷蔵庫のドアポケットに保存しましょう」

あなたは、大きさもデザインもバラバラのほうが、わかりやすくて便利だと納得しますか？　逆に、カッコ悪くてシステムキッチンに似合わないと不満ですか？

そうです。私が言いたいのは、「収納名人」の収納法には、正反対の方法もあるということです。

それでは、私はどうかと言えば、七味唐がらしは、昔のうどん屋にあったようなブリキの筒形。

「懐かしいねえー」

なんて言われます。

青海苔《あおのり》は「カメセ水産」の口の細い青いガラス。コショウはWMFのミル。食卓で使うことが多いから、家族がすぐにそれとわかる容器です。

パプリカ、シナモン、ピクルスミックス、ガラムマサラ、マスタードシード、オレガノ、クミン、ナツメグ、サフラン、五香粉は冷蔵庫のドアポケットに並んで入るディーン&デルーカのガラス瓶。使う量の多いカレー粉とタンドリーチキンパウダーとマスタードは大きな瓶と、まちまちです。

ワサビは使い切りサイズを、1本買っても1年以上持つバニラビーンズは3cmにカットして、それぞれヌテラの空き容器に入れて冷凍庫に保存します。

ワゴンの上段に、フランス製のキャニスターが10個ぴったり納まっています。塩、砂糖、小麦粉、コーンスターチなど真っ白なものだけを入れます。塩だけを黒にして他の9個は白です。

〔上〕昔ながらの形がわかりやすくていい。〔下〕ペッパーミルとジャムの空き瓶に入れたニンニクとハーブ。

計量スプーンは、ロンドンの「ボダムショップ」で買いました。

豆、削り節は袋の口をきっちりクリップでとめて冷蔵庫へ。焼き海苔は6枚に切って冷蔵庫のドアポケットに。コーヒー豆は封を切るまでは冷凍庫で、開封後冬は常温、それ以外は冷蔵庫です。

紅茶、ハーブティー、中国茶は常温。ドイツ土産の100gの紅茶缶3個の蓋の中にティーメジャースプーンが入り、引き出しにぴったり収まりました。ほうじ茶200gはダッチーオリジナル・オーガニックティー250g缶に入れ替えて常温。緑茶は冷蔵庫。抹茶は冷凍庫。

ある人の意見を聞き入れるかどうかということは、節約とか、リサイクルでも同じことが言えます。

ある人は、クリーニング店のワイヤーハンガーがもったいないと、再利用を次々に考え出すのですが、クリーニングへ出さなければワイヤーハンガーもな

お湯の温度が正確に計れるデジタル温度計。

いのだという人もいます。

どんなに工夫したところでみっともないだけだから、ハンガーはクリーニング店へ戻すのが一番という人もいます。

捨てられない服は、トイレの便座カバーやドアノブカバーにリフォームしなさいという人。便座カバーもドアノブカバーも不要だからさっさと捨てなさいという人。フリーマーケットへ出しなさいという人、と様々です。

人の暮らしは千差万別で、「収納名人」と自分の生活はまったく違うのですから、収納や節約の知恵には、まず「反論してみる」ことです。

反論することで、自分流の収納や節約法が見えてきます。収納名人は反面教師と覚えましょう。

メグ・ライアンのコンソールテーブルはふたつ

自分の机を持てて世界が少し広がったと友人に話すと、

「家計簿をつけるくらいなのだから、ダイニングテーブルで十分。それにどこにそんなスペースがあるというの。机より、もうひとつ納戸が欲しいくらいよ」

とあまり関心を示してくれません。そうでしょうか。夫や子供には当たり前の机がどうしてあなたにはないの？

台所の不用品ついでに収納棚まで処分して、机を置く場所がつくれませんか？　本箱の本を全部図書館へ寄付して、リビングにコンソールテーブルを置いてみませんか？

たとえば、映画『ユー・ガット・メール』のメグ・ライアンのアパートにあった机です。あんな風に読みかけの本や、自分専用の文房具を並べて、花を飾れたら素敵。

私は映画に感動して、二度続けて観た後、もう何十回となくビデオを観たので、間取りが描けます。

玄関ドアを開けると、すぐダイニングテーブルがあって、奥の台所も見えます。こういう合理性が、無駄をなくしたシンプルなインテリアをつくるのですよね。

手前がガスレンジですぐ隣が冷蔵庫。近過ぎるとちょっとびっくりしたけど、広い窓からシンクに明るい光が差し込む、それは素敵な台所です。居心地のいいインテリアとさりげないファッションセンスがバツグン。

センスを磨くといっても、周りにお手本がないからどうしてよいやらわからないという人は、まず映画を観るといいと思います。

私の机もコンソールテーブルです。今は撤退した「ゾナ」というインテリアショップで買ったイタリア製です。

椅子も、イタリア製のダイニング・チェアを一脚だけ買うことができました。長さ1.5m、奥行50㎝のコンソールテーブルは、台所、ダイニング、サンルームにも似合います。机らしくないのがいいのです。引き出しなど収納がないから、キャスター付きのサイドテーブルをつくりました。

文具と小物は、ケーキスタンドに木のボウルを乗せて、収納しました。仕事のための資料が増えて、引き出しが必要になりました。

いろいろ探し歩いたのですが奥行50㎝の机はありません。

偶然入ったインテリアショップの閉店セールでシャツトレイを破格の値段で買いました。「そうだ、これを引き出しにして仕事机をつくろう」と元町の荒井鈑金製作所に引き出しつきの脚をお願いして、天板を移しました。高さを同じにして椅子とサイドテーブルはそのまま使いました。

納戸の中でものが入れ替わる度に隙間に押し込むように収納していた裁縫箱やシーリングスタンプを入れた缶、葉書、写真、シールなどを入れた紙箱、レシピボックス。

この際、ひとまとめにしたいと思いました。家族にわかりやすいのは台所にある私の机の下です。

息子が入学前に使っていたおもちゃ箱を立てると奥行もぴったりでした。棚

おもちゃ箱を立ててつくった棚箱。横からノートやファイルが差し込める。

板を3枚つければ5段の棚箱になります。

棚板は古材を貼り合わせました。軽いものばかりなので波釘《なみくぎ》とボンドで強度は十分です。手前に合わせた棚板は寸足らずで奥まで届きませんでした。両脇を引き出しに入らないファイルの高さまでくり抜き、植物図鑑と旅行ノートとファイルを差し込みました。

ゾナで買ったコンソールテーブルには天板がなくなりました。

しばらくは納戸に仕舞ってあったのですが、建築現場からいただいた端材が集まって、数年後には工作台になりました。釘で打つのは大変だから両面テープで貼り付けただけ。

手作りは自分の能力でできる方法を見つけます。

両面テープで貼り付けた工作台。これなら簡単。

インテリアを考える時に参考になる映画は他に、

『そんな彼なら捨てちゃえば？』『恋するベーカリー』『プラダを着た悪魔』

『ジュリー＆ジュリア』『幸せのポートレート』『イン・ハー・シューズ』『マーサの幸せレシピ』（ドイツ）『カレンダー・ガールズ』『画家と庭師とカンパーニュ』（フランス）『ゴースト／ニューヨークの幻』。

日本の映画なら、

『ツレがうつになりまして。』『かもめ食堂』『博士の愛した数式』。

古い映画では、『追憶』。

理想的なドア・ストッパー

家を建てた時は、ワンフロア、ワンルームで個室がなかったので、室内のドアはトイレとクローゼットだけです。それも1年中開いたままで、トイレも入る時は閉めても出たら開けたままです。

そのつもりで、最初はドアをとめておくためのフックをつけたのですが、ガチャガチャとうるさくて、床との隙間に差し込むゴム製のドア・ストッパーを買いました。音はしないのですが、ぎゅっと差し込まないとすぐにはずれて、差し込むのにいちいち屈《かが》むのも面倒です。何かもっと楽な方法をと探してみたのですが、よくある小犬や羊の鋳物《いもの》は重くて足で動かそうとするとバタリと倒

牧野富太郎の植物図鑑。重さが丁度いい。

れます。掃除の時に片足でスーと滑るドア・ストッパーが欲しいのです。

家中から、重石《おもし》になりそうなものを出してきて、ペットボトル、洗剤容器、植木鉢、積木、缶、ワインなどを置いてみました。

片足で動いたのが、「カトリーヌ・メミ」のシャンプーボトルでした。ただし、中身がシャンプーのままだと500gで重さが足りません。空いたボトルに砂を詰めたら、800gになりました。800gふたつ並べると軽過ぎず、重過ぎず、ちょうどよい重さです。

クローゼットのドア・ストッパーは牧野富太郎の植物図鑑。パソコンで調べるのは簡単だけど、この植物図鑑は捨てられない。息子が服を買った時に入っていたシーチングのトートバッグに箱ごとピッタリ入りました。

重さは3kg。3kgは片足の力では動いてくれません。手で動かすにはトートバッグが一番便利です。

いつもバッグにメジャーを

34年前、ドイツ製の素敵なメジャーを見つけてから、測るのが楽しくなりました。

重さがたった21gのプラスチック製で、布のテープは片面が白で㎝表示、もう片面が黄色のインチ表示です。

いつもバッグに入れて持ち歩いています。食器を買う時も手で持った感覚に頼るより、その場で測って数字で理解すると、

「この湯飲みは9㎝だから、茶托《ちゃたく》は三寸五分」

なんて、だんだん、ものの大きさのバランスがわかってきます。自分の好み

が数字で出るのです。

ソファなど家具は、ショールームで見た時は大きくゆったり見えたのに、家へ届いたらなんだか小さく感じる、ということがあるものです。

食卓の高さも決まっているものではなく、65㎝ぐらいから80㎝以上のものもあります。デザインだけで決めると高過ぎるということになりかねません。

食卓は脚を切るという方法もありますが、全体のバランスが崩れて、後悔します。やはり買う前に高さを測って納得したものを選ぶ。

我が家の食卓の高さは67㎝で、一般的な寸法よりちょっと低めです。椅子は44㎝、いろいろ測って決めた数字です。

メジャーは、1000円ぐらいで買えるものだし、持って歩くのにジャマになりません。バッグから取り出すのがうれしい、測るのが楽しい、そんな素敵なデザインのメジャーを探しましょう。

ルーフキャリーでジーンズの収納

車を買い替えた時、前の車のスキー用のルーフキャリーが新しい車には使えませんでした。ルーフキャリーって、デザインがきれいです。

結構高かったので、もったいないと私がぐずぐず言っていると、中学生だった息子が、ジーンズかけにするからと、車からはずして自分の部屋の壁にビスでとめました。たった4本のビスで、しっかりとついちゃうものなのですね。

3本のバーの間隔がジーンズやベルトを吊るすのにちょうどいい。両側にハンガー2本が吊るせます。

言わなければ、ルーフキャリーだったなんて、誰も気づきません。

スキー用ルーフキャリーの
ジーンズかけ

うちにはバスタブがない

出かける前には必ずシャワーを浴びます。外出先で汗をかいて戻った時も、まずはシャワーへ直行、というのが家族全員の習慣になりました。

我が家には風呂桶《おけ》がありません。最初は夫のつくった栗の木の風呂桶があったのですが、旅行中に木が乾燥してしまって水が漏れて捨てました。

この際、しばらくシャワーだけというのもいいかもしれないと言ったきり31年、家族から風呂に入りたいという要求はありません。28㎡と、お風呂場にしてはちょっと狭いということもあるかもしれません。シャワールームとしては広いです。

シャワーヘッドはドイツの「グローエ社」製です。立ったままの姿勢でシャンプーが手に取れるようにと、18—8ステンレスでスタンドをつくりました。

壁は全面、白いタイルにグレーの目地、床はライトグレーのタイルにグレーの目地です。壁が白いと60㎝角の小さな滑り出し窓の自然光で十分明るいです。

シャワーだけの生活もなかなか快適です。風呂桶が不用だとは言いませんが、私が気になるのは風呂桶の蓋《ふた》です。もう少し収納に工夫できないのでしょうか。

シンプルなインテリア

昔、雑誌で、

「おしゃれのきめ手は小物。何を着ようと思う前に、今日はこのアクセサリー、と先に選んで、それに合わせて洋服とバッグ、靴を決める。このセーターは、ちょっとさびしいから、何かブローチでもつけようかなどというくらいならつけないほうがいい」

と手厳しい批評を読んで目からウロコが落ちました。

インテリアも同じです。この壁はさびしいから絵でもかけましょうかではなく、この絵なら私の居間にピッタリだというのがインテリアのセンスです。スペースがあるからといって、高価な絵画やちぐはぐな飾り物を並べるのは最悪です。ものがそこにあるというだけで、ストレスの原因にもなりかねません。

以前、私は、

「家を建て替える間だけお願い」

と友人に頼まれて、絵を預かったことがあります。好きな画家の作品だったので、ふたつ返事で引き受けました。

さすがにプロの迫力、家中の空気を一瞬にして変えてしまいました。外出先から戻ると、真っ先に目に飛び込んできます。

しばらくはそれも新鮮でよかったのですが、だんだんと苦痛になってきました。人間のほうがかすんで、一体この家の主は誰なのだろうと、お茶を飲んでいても息苦しいのです。

これではいけないと壁から降ろして、やっと、何も掛けないほうが安らぐのだと実感しました。我が家の壁に似合うのは「バリゴ」の気圧計ぐらいなものだと。

友人の家が完成して、絵は持ち主へ戻りました。その家の居間には、今でも掛けてあるのですが、我が家にあった時と大違いで、実によく似合っているのです。

食卓には何も置かない

どうすれば、家中が片づくのでしょうか？　暮らしはそれこそ千差万別なのですから即答はできません。

インテリアにぜんぜん似合っていないからといって、思い出のある大切なものに、

「これはへんだから捨てなさい」

などとは言えません。

似合っていないことぐらいは本人が十分承知なのです。また、食器がコレクションとは知らずに、

「こんなにたくさんはいらないでしょ」

とは、暴言以外の何ものでもありません。

収まりのつかない家中をなんとかしたいという人は、食卓にものを置きっぱなしにしないこと。

食卓にごちゃごちゃ積み重ねてあるものは、新聞、学校からの通知、雑誌、請求書、ダイレクトメール、仕事関係の書類、返事が伸び伸びの手紙、花の入っていない花瓶、空のクッキー缶でしょうか。

こういうものが片づかないままになっているということは、整理が嫌いなのだから、他もしっちゃかめっちゃかです。まず毎日の雑物の整理術を身につけることからスタート。例えば、専用の引き出しを用意して、土曜日は、それぞれにファイルするなり捨てるなりします。

食卓がスッキリ片づいて、雑物のわずらわしさから解放された心地よさを実感できれば、他の場所、台所や押入れにも挑戦する意欲が湧いてきます。

次は冷蔵庫です。冷蔵庫は毎日中身が入れ替わります。卵は何に入れてどこに置くと取り出しやすいか、ビールはドアポケットか棚の最上段か、バターケースの隣はチーズかジャムかと位置を替えてみます。冷蔵庫は季節でも中身が変わるから、急がず、じっくり1年かける。冷蔵庫の収納が上手くできれば納戸など簡単です。

簡単掃除法

台所、シャワールーム、洗濯機置き場は床から天井まで白いタイル貼りです。台所の換気扇フード、収納棚、ワークトップはオールステンレス。

そんな私の家を見て、

「白いタイルやステンレスを磨くのは大変でしょうね」

とよく言われます。でも白いタイルとグレーの目地は水道水や油の跳ね跡が目立ちません。汚れが気になったら乾いた布巾にポットの熱いお湯（80℃ぐらい）を少しだけ含ませて（手に持つところは乾いている）拭きます。

洗剤やアルコールを使うよりずっと簡単。ステンレスも同じですが換気扇フードの中は油汚れが浮いている蒸し料理の後が簡単。

台所を設計する時、第一に考えたいのはメンテナンス。18―8ステンレスのワークトップとシンクは汚れが入り込まない鏡面仕上げです。最初はキズが目立つのですが、3年も経てばまったく気になりません。

ワークトップの手前を1㎝立ち上げるだけで、水が床へ滴《したた》り落ちません。床にはマットを敷きません。

窓ガラスと鏡は水で濡らした新聞紙で拭きます。

雨が降ったら室内側、雨が上がってから外側を拭きます。窓ガラスは湿度の高い日に磨くと楽です。

シャワールームとトイレはオクラの入ってくるグリーンのナイロンネットに発泡スチロールのネットを入れた手作りスポンジたわし。シャワールームの中を掃除した後、洗面台、最後に便器を洗って、捨てます。

踊る食卓

台所は南東の角、東向きのシンクの前は滑り出しの窓で南側は両開きの扉。日暮れまで照明を点けなくても明るく、風がよく通り抜けます。

食事用の椅子は、イギリスの公園にもある「スミス&ホーケン」のチークのベンチです。10万円は安いと通販に申し込んだら、安いはずです。インドネシアから部品の状態で届きました。購入者が組み立てられるように設計して安く販売する家具。当時の日本では、目新しい試みでした。手順が絵で示されてわかりやすい。私ひとりで組み立てました。

キャスター付きテーブルとベンチ

食事は、冬は明るく暖かく、夏は風が通り抜けて涼しい、家中で一番居心地のいい場所。しかもベンチが、1.8m。ゆったり体を伸ばせるから、昼寝にはもってこいなのです。昼食後、30分の昼寝をします。

でも、ベンチは重いから、座る時や立ち上がる時に後ろへ退かせられない。そこがベンチの使いにくいところですが、椅子が退かなきゃ、テーブルが前へ出ればいいのです。キャスターをつければスーッと動きます。

テーブルが動くと掃除も楽です。右手に掃除機を持ったまま、左手でテーブルをくるりと踊るように動かせます。アイロン台に使う時は、壁際コンセント近くへ移動させます。

もともと3cmのキャスター付きの食卓だったのですが、重過ぎてキャスターがつぶれてしまいました。脚部を軽くするためにステンレスのパイプにしてキャスターも3cmから8cmに大きくしました。見映えが良く動きもスムーズです。

立派な玄関はいらない

我が家には玄関がありません。当然玄関にあるべき靴箱やスリッパラック、傘立てもありません。

スリッパと傘はクローゼットの中、靴は押入れの一番下に入れました。押入れは幅2.7m、高さ2.2m、奥行1.4mです。桧木《ひのき》のスノコ三段で仕切りました。上にものを重ねて取り出しにくいという心配もなく、通気もあって湿気も感じません。

見えないところに工夫を凝らし、予算を組めるのは、建築の設計をしている夫のおかげです。

床は段差のないバリアフリー、床に引き戸用のレールを埋め込みました。床は水性塗料です。

窓は完全二重窓で、外側はアルミ戸で内側は木建具《たてぐ》です。冬は二重ガラスで夏は内側が網戸になります。

洗面所の収納は、普通メディスンキャビネットを使うのですが、我が家は、デッキ用の幅9㎝長さ2.1mの板が棚になっているだけです。

デッキ用の板は、無塗装でも湿気に強く、水に濡れても乾いても反《そ》り返ることがありません。

「立派な玄関など、私達の暮らしに似合わないものはいらない」

と夫に言いました。

玄関がその家の顔なら、ノーメイクが我が家らしい。

床はナラの無垢板《むくいた》を1枚1枚釘打《くぎう》ちしたもの、建具はすべてオーダーメイド、ステンレスの金物、それにオーダーメイドのオールステンレスのキッチンに「グローエ社」の水栓金具、エアコンはなし、畳はなし、玄関もなし、これが我が家らしいバランスです。

家を設計する時に一番大事なのは、全体の質のバランス感覚だと思います。実はそれが一番難しくてわからないから、設計をプロに依頼するのです。

夏に涼しいキャスター付きベッド

ベッドは幅180㎝。長さ200㎝のキングサイズです。マットレスはポケットコイル式ですから、大人4人でやっと動かせるくらい重いのです。

ベッド本体は夫がつくりました。といっても図面を用意して、「東急ハンズ」でシナベニヤを注文すれば、加工の後届けてくれます。材料費は24㎜厚のシナベニヤ3枚と加工代、キャスターで7万円ぐらいでした。

キャスターをつけたのは、ふとんのように夏と冬でベッドを移動させるからです。日本のふとんのよさは、どこにでも持ち運べることです。

夏は部屋の中央が涼しく、冬は壁に寄せると、肩から体温が逃げません。ベッドにヘッドボードをつけず前後がありません。最小限の移動で快適に眠れます。

寝室に暖房機器はありません。以前は電気ヒーターを使っていたのですが不経済。部屋を暖かくするより、布団の中を暖かくするほうが起きた時に体が温かい。

子供専用の部屋はない

子供部屋はありません。夫が造ったベッドと、ブランケットボックスを置いた12畳の部屋は、夜は息子の寝室になりますが、ドアもなく、家族が自由に出入りします。

もっとも家族のプライベートなスペースなので、来客が入ることはありません。

ベッド本体は幅１２０㎝、長さ２４０㎝。マットレスはポケットコイル式で幅１２０㎝、長さ２１０㎝とシングルサイズより大きくしました。キャスター付きです。

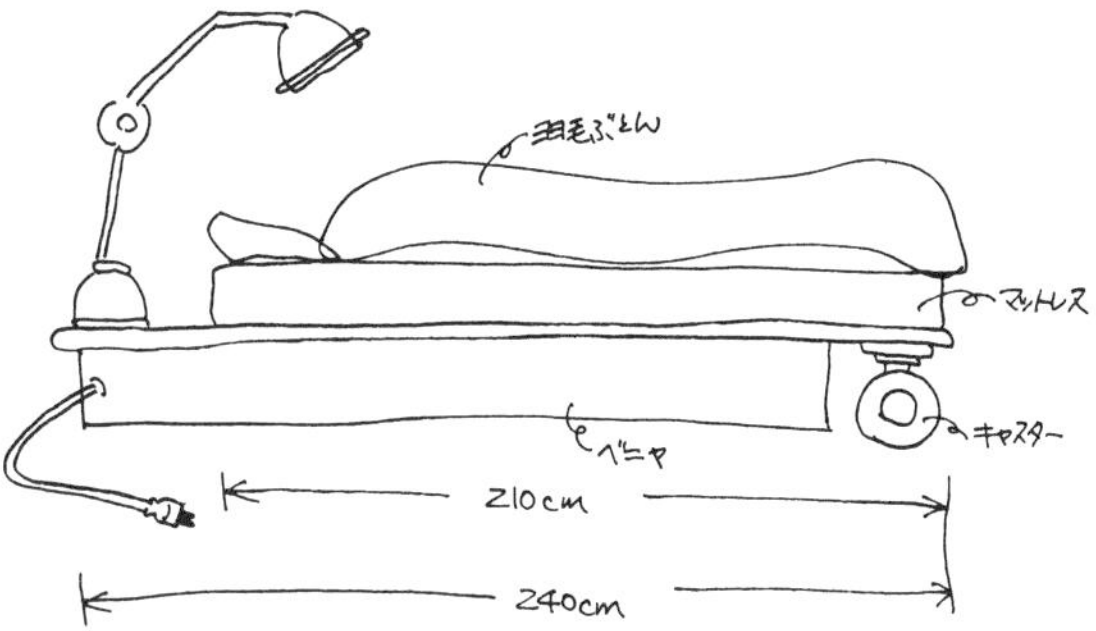
羽毛ぶとん
マットレス
キャスター
ベニヤ
210cm
240cm

子供用ベッド

勉強机は居間にあります。居間はパブリックスペースですから、当然来客の時は勉強に集中できませんが、本人は小さい頃から慣れっこで、うちの生活はそんなもの、と不満もない様子。

子供に個室を与えるという考えに異論はありません。広さも、それなりに使うでしょうから、6畳でも20畳でもいいと思います。また、我が家のように子供の寝室が家族室を兼ねるというのも、ひとつのスタイルです。

3LDKとか、それぞれの使い方を独立させないのは、日本の住宅らしくていいかなあと思うのです。

私は家の間取りを聞かれると、

「100㎡のワンフロア・ワンルーム。13㎡のデッキ付き。家というより納屋《なや》みたいよ」と答えます。

メンテナンスに手間のかからない床

我が家は、シャワールーム以外、家中同じナラの床です。子供が小さかったこともあって、有害物質の出るといわれる油性塗料は使わず、水性塗料で仕上げました。

水性塗料はシミになりやすい。水拭きで塗料が落ちます。トイレとサンルームの床はコーヒーカスで拭きます。それ以外は水拭きです。濡らした古いバスタオルを両足で踏みつけて大股で家中を徘徊《はいかい》します。それだけで、特別なメンテナンスはしません。

よく見ると、水ジミ、ガス台の下は油ジミ、その上、子供が三輪車、ローラースケート、ローラーブレードで家中を走り回ってキズやヘコミだらけです。

床はそんなものです。キズが気になるようなヤワな床ではありません。ジェットバスや黒柿の床柱と同じくらい床に予算をとって、自慢するなら後々のメンテナンスフリーな点です。

木の床は掃除をサボると、すぐにホコリだらけになります。

モノ離れ

よく通る家の玄関脇に、「どうぞお持ち下さい」と食器や本が置いてあります。帰りにはあらかたなくなっているので、なるほどこういうモノ離れの方法もあるな、と感心して眺めていました。それにしても、どうしてこの家にはこんなに捨てるものがあるのでしょう。

ある日、LPレコードが30枚以上と50冊以上の絵本と桐ダンスが置いてありました。そうか、知り合いも置いている！　この家の前は車がほとんど通らないので足を止めやすいのです。すぐ近くには保育園があります。絵本を置くのは、若いお母さん達に読んでいただきたいとの願いからです。

読書好きの友人から「だれか本を貰ってくれないかしらね」と相談されたことがありました。彼女の蔵書はどれもきれいだから古本屋が買い取ってくれるはずだけど、

「家に入れるのが嫌なの、かといって自分で運ぶのも面倒。タダでいいのだから楽な方法で処分したい」

「それなら、ゴールデンウィークの晴れの日に、門の前に出して『どうぞご自由にお持ち下さい』の立て札を下げれば、通りすがりの人が貰ってくれるわよ。持ち帰り用の紙袋を用意すれば、あっという間よ」と助言しました。

半信半疑ながら、朝早くにせっせと運び出すと、あれよ、あれよと半日で全部なくなったそうです。

「溜った紙袋も役立って清々したわ」と喜んでいました。

きれい好きな彼女は、清潔な敷物の上に本を並べ、紙袋もダンボール箱の中

に入れて置きました。だから、すべて残らず引き取り手があったのです。タダなのだからとゴミのようにぞんざいにしたら、こんなにすぐにはなくならなかったと思います。残ったら、自分で片付けることになります。モノの処分もちょっとした心遣いで随分違います。

40代の頃、私と姉は実家のガレージで同じことをやりました。実家は商業地区なので人通りが多く、母が、

「こんなものを貰ってくれる人はいないわよ」と呆《あき》れていた残り毛糸の山でさえ、透明な袋に入れて並べたら

「PTAの手芸教室で使いたいから全部下さい。すぐ戻って車で来ますから」と貰って下さった方がいました。

派手な色柄のバスタオルも、半端な食器やコップも、海外旅行土産の置物も、全部なくなりました。

電車の握り棒で現代アート

ウォークイン・クローゼットに、着かけの衣類をかけておくために、長さ70cmのクロームのパイプを2本、上、下につけました。

でも、幅が6cmとちょっと狭く、セーターがかけにくいことに気づいたのです。

それでS字フックを下げて、帽子とカバンや小物類を吊るすことにして、寝室に衣桁《いこう》のようなものを考えることにしました。

衣桁は、掃除の時に倒れたりぶつけたりするので邪魔です。椅子の背にかけるのはだらしなくて嫌です。やはり、壁付けのステンレスのパイプが便利だろうと思うのですが、これが商品としてないのです。あるのは、タオルバーか手すりです。

タオルバーは長さが足りなくて、手すりは手すりにしか見えないから、手すりに衣類をかけるとなると、きちんとたたまないとだらしなく見えます。無雑作なのにだらしなく見えないデザイン性が必要です。

ある日、「東急ハンズ」で電車の部品を販売していました。車内用の椅子や網棚や計器などの中に、１８００円でドアの横についている握り棒がありました。長さが１ｍで幅が７㎝、これならピッタリです。

寝室の入口に近いところの壁へ、床から１ｍの高さに取りつけました。電車の部品はデザインが完成されているから、安っぽさがなくて、住宅でも不自然な感じがしません。

無雑作にかけた着かけの衣類が、パイプのデザインに救われて、ちょっとした現代アートです。

そんなことをずっと忘れていて、数年前に『ハーブ&ドロシー』のDVDを観ました。「自分たちの給料で買える値段であること」「1LDKのアパートに入るサイズであること」の条件で購入したコレクションをすべて美術館に寄付をした夫妻のドキュメンタリーです。

その中に壁に釘で打ち付けた10㎝ほどのロープがありました。

それがとても素敵で、彼らの住いによく似合っていました。絵は描けそうにないけれど、壁を飾るという意識ではなく、必然性のない小さな工作を楽しむのは得意です。

手動のコーヒーミルが壊れた時、取っ手を壁に打ち付けたらフックになりました。

〔上〕電車のドアの横についている握り棒を衣桁代わりに。
〔下〕ボビンを壁に打ち付ければフックに。

巻き尺が錆びて使えなくなった時、その横に打ち付けてふたつのフックになりました。トートバッグを吊るし、時にはヘッドホンを掛けます。

出掛ける時に忘れないように老眼鏡を吊るしておきたかったので、机の前の壁にボビンを打ち付けました。その横には台所に立つ時に髪を束ねるヘアゴムを吊るしたかったので、使わない水栓金具を打ちつけました。パソコンのアダプターが机の上ではジャマだったので、目玉クリップを分解して壁に付けられるようにスタンドをつくりました。

工作をしたい気分を盛り上げてくれるのはいつも雑誌『KINFOLK』です。

コーヒーミルの取っ手と巻き尺のフック。

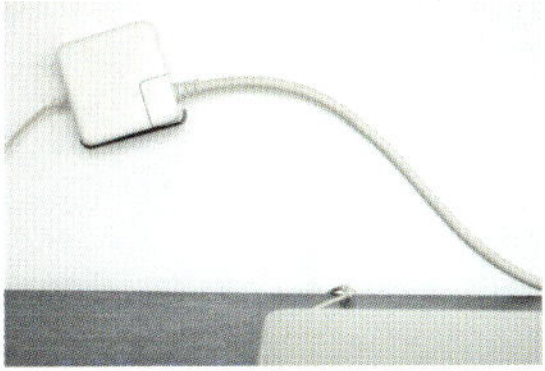

目玉クリップを分解してつくったアダプタースタンド。壁に付ければ邪魔にならず、すっきり。

ふたつの引き出し

16年前に洋服を整理した時、ふたつの引き出しを空にしました。

そのひとつに葬儀用の小物をひとまとめにして収納するためです。ハンカチは麻と綿、絹のスカーフ、手袋は厚手と薄手、バッグ、ストッキング、下着、数珠《じゅず》、喪中扇《もちゅうおうぎ》、香典袋、小さくたためるエプロンを用意しました。

もうひとつは入院用のひと揃えです。縁起でもないと言われそうですが、大雪の日、歩道ですべって骨折、半年も入院した友人がいます。人はいつどこでケガをするやもしれないのです。その時、夫や息子が私の寝間着や下着が買えるとは思えません。

何年もＳＡＹＡの室内履き。

入院用としては、1週間分の下着、寝間着2着とベスト。タオル、洗面用具、ルーペ、手鏡、室内履き、洗濯物を入れるシーチングのトートバッグ、保険証のコピー。寝間着はベージュ、ベストはオレンジ色です。病院では明るい中間色で胸ポケットのついた寝間着がよいと姑に教えられました。ベストにもポケットがついています。室内履きは「牛革で蒸れないように爪先の開いたゴム底」を何年も探しました。

お茶や水を飲むためのマグは普段使っている白無地の磁器ではなく、兎《うさぎ》の絵柄にしました。病院は共同生活の場です。自分の家とは違います。身繕《みづくろ》いと持ち物で周りが和《なご》むようにお互い気遣いたいものです。

もし、私が出先で病院へ運ばれるようなことになったら、家族は慌てることなく引き出しからそっくり持ち出せます。洗濯物入れに用意したシーチングのトートバッグに入れて。下着とタオルはストックを兼ねています。

洗面所のゴミ入れ

洗面所のゴミぐらい不快なものはないからと、カッコいいデザインのゴミ入れを買いました。北欧のデザインで、真っ白。足でペダルをふむと、蓋がポンと開きます。

内側のポリバケツごと取り出せるから清潔に保てるし、「これなら、ゴミが見えなくていい」と思ったのが間違いでした。

蓋が開いた時に中のゴミが見えるのは、最初から見えているよりずっとずっと不快です。洗面所のゴミ入れはつねに空っぽがいい。つまり、ゴミを入れたらすぐに他へ運び去るということです。

そんなことを思っていた頃、台所の棚の奥に、昔使っていたネルドリップ用のステンレススタンドを見つけました。上下をひっくり返せば、ゴミ入れにぴったりの形です。ステンレスは衛生的でフレームだけなら汚れません。

宇部フィルムのポリ袋がピッタリでした。6枚重ねてセットします。

ゴミを入れたら内側のポリ袋を1枚取り出し、口を結んで捨てます。

これでストレスはなし。

ネルドリップ用のステンレススタンドをゴミ入れに。

世界にただひとつのペーパーホルダー

長い間、トイレットペーパーホルダーを我慢して使ってきました。

イギリス製のクローム仕上げ。上等過ぎて、我が家のトイレには似合っていないのです。家族だけなら自分が納得するまで買わないから、こんな思いはしないのですが、来客があるのでそうもいきません。

紙押さえのカバーがない、プラスチック製の芯棒がよくデザインされている、芯棒が日本製より長くトイレットパーパーの交換に手間取らない。というのがギリギリの妥協点、他に比べて多少はましと安易に選んだのです。

それで、1999年の誕生日、「ペーパーホルダーをデザインしよう」と決心しました。ステンレス板を曲げて芯棒が通る穴を開けるだけなら簡単そうです。

18—8ステンレスの規格表というのを生まれて初めて読みました。頭が痛くなりそうです。まず、厚さと幅を決めて、全体の長さ、穴を開ける位置は1㎜の違いでスムーズに動かなくなり、ゆるいとポトッと外れて落ちます。それでも、どうにか図面ができて、板金屋さんにつくっていただきました。

でき上がってみれば、こんなものどこがそんなに大変だったのかという感じです。そういうなんでもない形にしたかったのです。

「世界にたったひとつのペーパーホルダー」が自分への誕生日プレゼントでした。

シンプルなものをつくるのは装飾されたものより遥かに難しいということを経験して、ものの見方が変わりました。

世界にたったひとつのペーパーホルダー。

思うがままのキッチンライフ

布巾はプレースマット

布巾は、プレースマットとして買うマイドラップです。プレースマットとして何度か使って、縁がほどけてきたら布巾へ下ろします。

コットン100％の茶色はエプロンのポケットに入れて手拭き。ハーフリネンの白ではグラスや食器を拭きます。キッチンペーパーのようにミシン目で切って使うから折り返しがありません。洗いやすく、乾きやすく、畳みやすい。時々アイロンを当てますが、折り返しがないから何枚も重ねられます。

布巾の収納はどこがいいでしょう。我が家の台所は家族や来客も使います。

貝印のスタンドミキサーのボウルが布巾の定位置。

探さずにすむように、と考えていました。

教えてくれたのが映画『恋するベーカリー』です。台所の本箱に無造作に布巾が重ねてありました。

それを観て、そうか、引き出しに収納しなくてもいいのか、と思ったのです。

我が家の場合、本箱の代わりはスタンドミキサーの大きな深いボウルでした。スタンドミキサーは週に2回ほどしか使いません。ボウルは常に清潔です。

その中に20枚の布巾が十分に入り、さっと取り出せます。スタンドミキサーを使う時は隣の電子レンジの上に移します。使うのはせいぜい30分。洗って拭いて戻せばすぐに布巾を入れられます。

自分らしいスタイルで、使い回しを楽しむ

誰でも、自分らしいスタイルで暮らしたいと思っています。生活そのものが、自分を語ってくれるからです。

人それぞれですが、私はなるだけものを少なく、さっぱりと暮らすのが自分らしいと思っています。何か必要になると、まず今あるもので使い回しができないかと考えてしまいます。

ある日、若いオードリー・ヘップバーンがジャンプした写真のポストカードが届きました。私はこの写真が大好きになり、読みかけの本の栞《しおり》に使いました。本を読み終えると、どこかへ置き忘れるような気がして、何かにまぎれ込

んでしまいそうで、心配でした。

いつも目にする場所に置きたいと思ったのです。思いついたのが古い植物図鑑を45度内側に折り込んだカード立てでした。たくさんある古い植物図鑑は買い物のメモ用紙や植物の種入れにもしています。

年に一度か二度、花を生けるのに使う大きな壺は、仕舞わずにシンクの下に置いて、スーパーのポリ袋を入れています。

古くなって粘着力が落ちた両面テープの片面に古切手、リボン、使わないメジャーを貼って絵柄マスキングテープにしました。

マッチには古い切手を貼りました。

シャープペンシルが壊れた時、キャップをふたつに分けてヘアゴムのチャームとキーホルダーをつくりました。

お気に入りのマグが欠けた時、欠けた部分にシールを貼って色鉛筆立てにし

〔上〕古い植物図鑑を折り込んでつくったカード立て。〔下〕鉛筆立てはお気に入りのマグ。

ました。砂時計の木枠が壊れた時、マグネットフックにぴったり収まったから壁付けの砂時計になりました。

使い回しといってもチグハグな間に合わせはしません。それくらいなら、必要なものは買います。

たとえ使い回しでも、自分らしいスタイルを持ちたい。それが、自分らしい生き方で、一番楽だから。

「ON THE DISH」のパン

私は、パンが大好きです。

ここ数年日本のパンは美味しくなりました。パンは生鮮食料品と思って買います。鮮度第一ですから、その日に発酵してその日に焼いたパンが美味しい。どんなに上質な材料を使ったパンでも昨日の売れ残りは不味《まず》い。魚を選別するようにパンの鮮度をしっかり見極めます。

コンビニの前を通った時にパンを運ぶトラックが止まっていたら、陳列棚に並ぶ前に焼きたてのパンが買えます。ホームメイドなら発酵の香りが漂うパン屋さんは美味しい。美味しいパンは雑味を感じさせないイーストの香りがします。

その日に食べるのであれば常温。わからないのならすぐに冷凍保存します。冷蔵庫に入れると不味くなります。

パンは温めていただきます。食パンはトーストして、バゲットはアルミホイルに包んで温めます。ベーグルとフォカッチャは蒸します。クロワッサンだけはそのままで。

パンにつけるバターはカルピスの無塩バター。ジャムで美味しいと思うのはダッチーオリジナル・オーガニック・ブラックカラント。

最近、横浜ではここが一番と思って買いに行くパン屋さんは「ON THE DISH」。他の地域からは行きにくいかもしれないけれど、横浜散策には是非。ランチは予約できます。

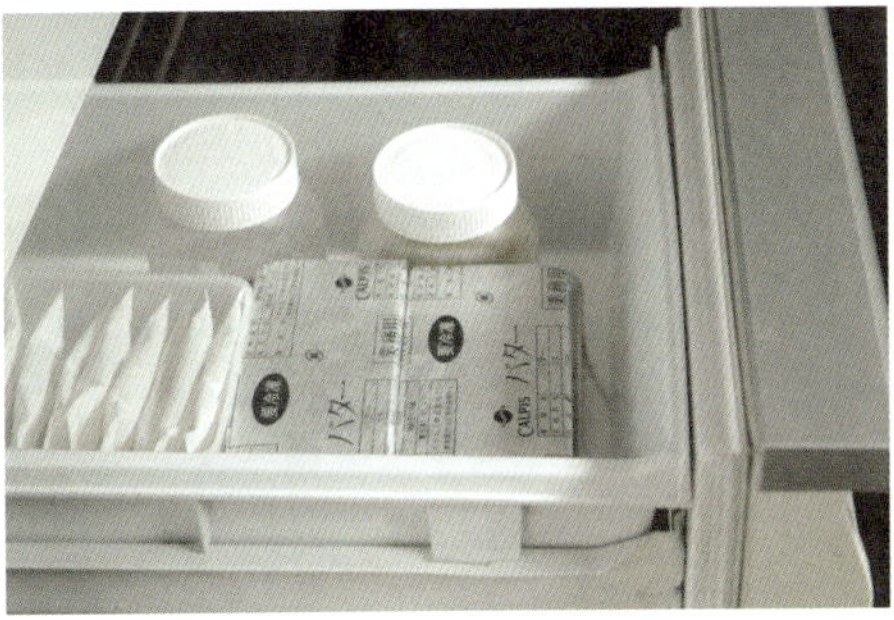

〔上〕大好きなON THE DISHのパン。〔下〕パンにはカルピスの無塩バター。

日本で最初のキッチン

31年前、日本で最初に18―8ステンレスの家庭用システムキッチンをオーダーメイドでつくったのは、たぶん私だと思います。

厚み1.5㎜で高さ90㎝、長さ4.3ｍです。床に水が滴《したた》り落ちないように、手前を1㎝立ち上げました。ここがいわゆる業務用とはまったく違うところです。

台所を設計する時に、ダブルシンクかシングルシンクかと迷う人は多いと思います。

私は、全体の長さが4.3ｍもありますから、当然のごとく、ダブルシンクに決めたのですが、最初の頃はシングルで十分だったのではと後悔しました。

シンクは意外に汚れが気になるものです。食器洗い機を入れるかどうかもずっと迷って、結局決められずにコンセントと配管の用意だけしてワゴンを納めました。

このワゴンがとても便利です。そうこうしているうちに、小シンクにぴったりの水切りカゴを見つけました。

カウンターの上に水切り用カゴを置くと、カウンターの高さが90㎝と高いこともあって、皿をかなり持ち上げなくてはなりません。それが小シンクに納まると、カウンターと同じレベルになるので腕を上げずに移せます。

毎日のことですから、ずいぶん楽になりました。水切りカゴにつくカルキは亀の子束子でこすると簡単に落ちます。

「中華鍋が入らないと困るから」

と大きなシングルシンクを希望する人もいますが、本当に中華鍋が必要かどうかも考えて下さい。

私は数年前、邪魔でしかたなかった中華鍋、蒸籠《せいろ》、中華鍋専用五徳を捨てました。なんの不便もなく、他の鍋とフライパンで代用しています。

水栓は、安くてデザインの好きなドイツの「グローエ社」製のシャワー付湯水混合栓。

「お湯と水の両方をひねって調整するのが面倒じゃないの？」

と誤解をしている人が多いのですが、右が水、左は給湯器で適温に調整したお湯です。混合させることもできますが、通常は片方だけです。お湯の温度を上下に調整するのは給湯器のコントロールボタンです。

包丁は、一般的にはシンク下の扉に差し込みますが、ビクトリノックスのマグネティック・ナイフバーを壁に取りつけて、キッチンバサミやピーラーなどといっしょにくっつけて収納します。

〔上〕サイザル麻の白いたわし。〔下〕ビクトリノックスのマグネティック・ナイフバー

布巾をかけたり、ミルクパンやフライ返しを吊るすのはお風呂場の手すりです。

ガスコンロは、家を建てる前から使っていた「リンナイ」の「RT―2B」をビルトインさせました。1980年2月に定価2万9800円を10%引きで買いました。本体はステンレス製で、五徳《ごとく》は耐久性の優れた鋳鉄製、汁受け皿はホーロー製で汚れが落ちやすく、圧電火方式のバーナーは、左側が最大5000kcalから最小550kcalまで5段切り替えのダブルバーナー。右側が1800kcalのシングルバーナーです。

大根やイモをコトコト煮るには、ダブルバーナーの内側の小さなバーナーを使います。魚焼きはついていないので、ダブルバーナーの五徳にぴったり合うアメリカ製のアルミのグリルを使います。片面で肉と魚、もう片面でパンケーキやハムエッグを焼きます。1992年と1997年にバーナーを自分で交換しました。

このガスコンロは100点満点の商品だと思うのですが、すでに生産を完了しています。

換気扇は「ナショナル(現・パナソニック)」の金属製換気扇「FY-20EM-D」で、数字の20は羽根の大きさです。羽根がステンレス、スピルナがアルミダイキャスト、油受けがついています。

シャッターが開閉しなくなった時に同じ商品を探したのですが、生産完了でした。説明書には「補修用性能部品の最低保有期間は製造打ち切り後6年」と書いてあったのですが、電話で尋ねると該当する開閉器があって、電気屋さんへ注文できました。換気扇フードは18—8ステンレスのオーダーメイドです。幅80㎝、奥行68㎝です。

反対側は幅1.3m高さ2.1m奥行60㎝のステンレスのオープン収納棚です。高さ

90㎝の位置に、ナショナルの電子レンジNE－R1、貝印スタンドミキサー、アメリカ・ワーリング社のドリンク・ブレンダー、イギリス・ソルター社のデジタルキッチンスケールを置きました。

冷蔵庫は2005年に買い替えた日立のR－S40TPAM－W。炊飯はデイリーライフ信楽《しがらき》のかまど名人二合炊き。

私が台所のデザインにこだわるのは、実は自分のためではないのです。夫と息子を台所に立たせたいからです。

ずっと親元で暮らしてきた夫に、ゴチャゴチャした台所に立ちなさいというのは無茶です。家族だけではありません。息子の友達が泊まると夜中ワイワイ料理をしています。扉がないから一目瞭然、収納も大雑把《おおざっぱ》で、誰でも使える道具。

「キッチンは女の城」なんて独占しないで、みんなに開放しましょう。

ホームパーティは気楽に

人が集まるのは庭の桜の咲く4月初め、毎年お花見をします。私はつい最近まで、人が集まる時は、手慣れた料理を人数分つくるものだと思い込んでいました。そのために、いつもは棚の上に押し込んでいる大きなサラダボールや重い鍋をひっぱり出して、台所はそれだけで手狭でやりにくくなります。

得意料理のはずなのに、材料が多くなると味がうまくきまりません。その上、大量につくると残ります。片づけも大変。いいことなしです。

それで、いつもつくる量だけにしてみました。量は同じでメニューを増やせばいいのです。これなら大皿も必要ないし、お客様も少しずつたくさんの料理を楽しめます。一口ずつだと残りません。台所はいつものままで味つけに失敗することもなくなりました。

たくさん用意するのは飲み物とデザート。これならホームパーティも気楽にできます。

シャンパン、ワイン、ビール、カクテル、グラッパ用と飲み物に合わせたグラスと日本酒のお猪口《ちょこ》は用意しますが、コースターは包装紙を円切カッターで丸くカットして、箸置き《はし》は庭から山法師《やまぼうし》やあじさいなど、木肌の美しい枝を3cmぐらいに切った木片で代用します。ナプキンもペーパーナプキンです。

来客、特に女性に片づけや洗い物などに気を遣わせないように、手の込んだお持てなしはいたしません。

「買わない」技術

「こんなにたくさんのものがあるのに、自分の欲しいものがひとつもない」と嘆く人がいます。

簡単なことです。欲しいものがないのだから、買わない。

これがなくては、どうにも生活ができないというものは、そんなにはないはずです。食器や台所道具なら、親戚や友達にひと声かけてみて下さい。どこの家にでも引出物や半端なものが山ほど捨てられずにありますから、面白いものがたくさん集まります。

私が結婚した時、家電製品と家具は全部お下がり、食器やカトラリーはタダのものばかりでした。皿一枚、スプーン一本でも、お金を出すのは、本当に欲しいものが見つかった時。

私はティーポットを15年探しました。その間、自宅に紅茶はありません。紅茶は外で飲むもので、家ではいつもコーヒーでした。つまらないティーポットでいれる紅茶ほど不味いものはないから、家で紅茶が飲めないことに不満はありません。

コーヒー豆も、気に入るミルに出合うまでは、お店で挽《ひ》いた豆を少量ずつ買いました。

でも私は、自分の欲しいものがどこにもないなんて不平は言いません。そのうちにきっと見つかるって、それまでを楽しみます。

自分の欲しいものに出合っていないのは、欲しいものが自分の中でまだ漠然としているからです。

カトラリーの選び方

若い頃に買ったカトラリーが60代になって持てません。70歳を過ぎても持てそうな軽くてシンプルなデザインのナイフとスプーンをイトーヨーカドーで見つけました。

30代の私なら「安っぽいし軽過ぎる」と拒絶したでしょう。

30代が選ぶカトラリーは、1本5000円でも50年使えば安いものだ、というコストパフォーマンスです。300円のナイフには見向きもしません。

でも、30代でほどよい重さのナイフは60代では重過ぎるのです。カトラリーは食器のように割れたりしないから誤ってゴミ箱に捨てさえしなければ、ずっと引き出しにあります。

重くて持ちにくくなった上等なカトラリーは引き出しに眠らせず、周りの若い世代に譲《ゆず》りましょう。

若い人達は古くてもデザインのよい上質なカトラリーを喜んで使ってくれます。

一生ものは軽いもの

「これはもう一生ものでございます」などとデパートの方に薦められると、買う気が失せてしまうのは私だけでしょうか。

デパートの一生ものというのは、頑丈でちょっとやそっとでは壊れないもの、揃いのもの、高価なものです。

一生ものでは苦い思い出があります。家を建てた時、もう引っ越しはないのだからこれから一生ものを買い揃えたいと思い、高価なフランス製の鋳物《いもの》ホーロー鍋を揃えました。

ところが一生どころか、40歳を過ぎると、だんだん重さが気になり、持つのさえ嫌になってきました。体力だけには自信のある私には、思いも寄らぬことでした。

同世代の友人に話すと、

「私は、昔から『重さ』ではなく『軽さ』で選んできました」

と言われて、賢いなあって感心しました。

その友人は、アルミ鍋でカレーを煮込む人です。私は鋳物ホーロー鍋のほうが、なんだか美味しそうじゃない、なんて、デザインにもひかれて気張って買ってしまったのでした。

その上、結婚する友人のお祝いにもプレゼントしたりして。その鍋は一度も使っていないみたい。

あちこちホーローが欠けた使い古しの重たいだけの鍋に貰い手はありませ

ん。見切りをつけて捨てました。

そんなことがあって以来、あちらこちらで鍋の話をします。それで気づいたのは、アルミでもステンレスでもホーローでも、蓋《ふた》は軽い耐熱ガラスがいいという人が多かったことです。

蓋が別売りだと買いやすいという意見には、私も同感です。

鍋は飾るものではありません。日常生活で使うものです。だから、揃いでないもの、高価でないもの、そして80歳を過ぎても持てるくらい軽いものがいいです。

計量カップでドレッシング

ドレッシングは、油と酢と塩とコショウを混ぜ合わせるだけなのに、どうしてわざわざドレッシングボトルに入れてつくるのだろうと、疑問には感じていたのですが、そんなものかな、と週に1回の割合でニンニクを加えたりして手作りしてきました。

でも注ぎ口がベタベタするし、テーブルに置くと垂れて輪染みができるし、冷蔵庫のポケットは汚れるし、ボトルは洗いにくいしと、いいことなしです。

「使う分だけ、ジャムの小瓶でつくる」

と教えてくれた人がいて、やっぱりドレッシングは1回分ずつつくるのだと納得しました。

でも、1回分ずつなら、目盛りのついた計量カップのほうが、注ぎ口もあって便利かな。蓋のない分だけ洗うのも簡単です。混ぜ合わせるのは「ボダム」のプラスチックスプーンなら音もかわいいし――ということで決定。ドレッシングボトルはやめました。

つくりたての新鮮なドレッシングは、つけ合わせと思われがちのサラダを、見事な一品料理に仕立ててくれます。

〈サラダドレッシングのつくり方〉

油（サラダオイル、ゴマ油、オリーブオイルなど）

酢（米酢か黒酢）

食塩

白コショウ

を好きな量で混ぜ合わせ、ニンニク、ラー油、マスタード、和がらし、梅肉を適量加えることもあります。塩の代わりに醤油《しょうゆ》でも。

ガラスの計量カップ。

和食器は家族数だけ買う

和食器は家族数。種類も少ないので、和食の献立でも洋食器を使います。洋食器は、用途《ようと》の広い新しいデザインのシンプルなものが好きですが、和食器は、古伊万里《こいまり》など、伝統的な図柄で、用途が決まっている形と、大きさの使いよさがあります。

世界中でもっとも食器を楽しんでいるのは私達日本人。それだけに、ついつい数が増えてしまうというのが悩みでもあるのですが、和食器は5つ組を揃えるという考え方をやめて、家族数にすると取り出しやすく収納できます。

例えば「横浜高島屋」では、5つ組で並べてある和食器でも、単品で買えるものがたくさんあります。茶托《ちゃたく》も5枚で1万円なら1枚2000円で買えます。

和食器売場で、白い無地の器を買いました。ちょっと深めの小鉢のような蕎《そ》麦猪口《ばちょこ》のような大ぶりの湯飲みのような、そんな用途のはっきりしない器なのですが、形と持った時の重さがよくて買いました。

料理だけじゃなく、みつ豆やわらび餅もいいし、番茶をいれて、厚手のぽっちゃりした茶托に合わせるとピッタリでした。抹茶茶碗にもなりそうです。これまで和食器は用途に思い込みが強過ぎたのかもしれません。もっと自由な発想で使えるように形が変化するのは、時代の要求なのでしょう。

優れものの「今治《いまばり》の綿100%軍手」

裁縫が苦手な私が知恵を絞り出す鍋摑《つか》みと鍋敷き。

鍋摑みは随分前にアンデルセンのポイントを何年も溜めてやっと手に入れたオーガニックコットンのハンドタオル2枚。

何度洗っても肌触りがよく、薄くなったところに継ぎ当てをして使っていますが、1枚はボロボロになって、捨てました。

電子レンジやオーブンから取り出す時は両手に持つからどうしても2枚必要です。リネンの枕カバーを取り替えた時に残してあった端切れと引き抜いた糸で縫ってみたら清潔感があっていい感じでした。引き抜いた糸を使うのは縫い目が見えなくなるから粗を隠せます。

でもリネンではダメでした。

熱伝導率が良過ぎるのです。右手にコットン、左手にリネンを持つと左手だけがすぐに熱くなりました。

次に思ったのは、なぜ、オーブン用の鍋摑みはグローブじゃなくてミトンなのだろう、ということ。しかも、大き過ぎるからヒーターに当たって焦げる。焦げると穴になる。洗いにくいし、乾きにくい。

グローブなら指にしっかり入るから滑らないし、形がかわいいじゃないの？とパソコンで画像検索してみたらオーブングローブはキャンプ用品にありました。キャンプ用品だからなのか、私の手にはどれも大きい。

次に思ったのは綿の軍手。軍手ならホームセンターやコンビニにもあります。近所のスーパー、コンビニ、ホームセンター、100均ショップを3件回っても、あったのはアクリルと混紡製品。

西友で真っ白な軍手を見つけてそれは園芸用に買いました。ファミリーマートでは大工仕事用の軍手を買いました。どちらも優れものです。

近所では綿100%の軍手は手に入らないとわかったので、パソコンで「軍手　綿100%」と検索すると「てぶくろやさん」というネットショップがみつかりました。

綿の軍手は薄くてとてもやわらか。手首のゴムを全部抜き取ったLサイズを2枚重ねるとオーブングローブにも鍋敷きにもぴったりでした。

汚れたら手を入れたまま洗って干します。薄手の軍手は乾きも早い。

天然素材綿 100％の今治の軍手。

心和むキャンドルウォーマー

測定範囲が-10℃〜110℃のデジタル温度計を買ってからお湯の温度を正確に計るようになりました。

コーヒーを入れる温度は92℃前後です。ペーパードリップでドリッパーはイタリアで買ってきた二穴。ペーパーはいろいろ使ってみて臭いが気にならない100％無塩素漂白のメリタ・ナチュラルホワイトです。

お湯は100℃に沸騰《ふっとう》させてから92℃まで冷まします。初めてデジタル温度計を使った時、ステンレスの台所カウンターに置いたやかんに差した温度計の表示がみるみる下がるのに驚きました。それまで、いかにいい加減な温度で入れていたのか、と。

ミルクティーは直径14cm深さ12cmの深鍋を紅茶専用にしています。牛乳と紅茶が2対1になるようにカップに水を入れ火に掛け、温度計を差します。ガス火の場合熱が鍋の縁を伝わってこないように弱火です。お湯が95℃を過ぎたら火を止めて茶葉を入れ、温度計を抜いて蓋をし、3分から5分蒸らします。

分量の牛乳を入れて温度計を差し、弱火で夏は60℃、冬は65℃で火を止めます。温めて飲んだ時に美味しい牛乳がいいです。

紅茶は以前程飲まなくなったので買うことがなくなりました。旅行土産などいただきものを楽しんでいます。しばらく紅茶を切らした時にコーヒーを買ったら、「サービスです」と袋に入れてくれたティーバッグ。

久しぶりに飲んだこともあってか、美味しかった。

ストレートティーと中国茶とほうじ茶は95℃のお湯で冷めないようにキャンドルウォーマーに乗せて3分以上蒸らします。

キャンドルウォーマーを手作りしました。

木の台に高さ6㎝になるように古い焼き網を曲げて打ち付けただけですが、焼き網を曲げるのは案外難しいです。きれいに曲げても翌日には、元に戻ろうとして歪《ゆが》みます。焦らず1ヶ月かけてゆっくり曲げました。

網に限らず金属を曲げるのは気温26℃以上の夏がいいです。ウォーマー用のキャンドルはIKEAで100個入り410円（2014年5月消費税込）。1個のキャンドルで4時間使えます。

お茶の保温には、冬は4個、春と秋は3個、夏は2個です。

キャンドルを6個以上にするとチーズ・フォンデュや料理の保温に使えます。カレーのナンは鉄のフライパンに乗せテーブルで温めながらいただきます。

テーブルのキャンドルウォーマーは心が和みます。

緑茶は急須で70℃前後。お湯の温度で香りも色も味もまったく違います。好みもあるので私の温度を参考に計ってみてください。目からウロコが落ちます。

参考までに私が2013年に買った温度計は「デジタル温度計AD-5622」。販売元は「株式会社エー・アンド・デイ」ヨドバシカメラで710円でした。温度感知棒がやかんの蒸気抜き穴にちょうど入ります。

測定範囲が-10℃〜110℃なので小さく軽い。お湯とローストビーフに使います。表示分解度が0.1℃、測定精度±1℃、サンプリング時間1秒、オートパワーオフ機能15分、電池寿命1年、かなりの優れものです。（現在「AD-5622」シリーズは生産終了しています。）

紅茶、緑茶、中国茶は、粗目のストレーナーを使って細かな茶葉を振るい落とします。

おわりに

「インテリアというか暮らしのセンスは3代続かないと身につかないでしょうか」と、質問したのは30代前半の編集者の方でした。

「センスがないのは、親のせい」と嘆いて周りが同情してくれるのは10代まで。20代になったら、自分で鍛えます。センスを磨くチャンスはどこにでもありますからね。

遠回りしてでも素敵だなと思う庭のある家を通って帰宅する。かわいいなと思った花の名前を調べる。パソコンがあれば花の名前はすぐに調べられます。

例えば春に咲く青い花は「春に咲く　青い花」で画像検索すれば見つかりま

す。パソコンがなければ図書館でも調べられるし、誰かに教えてもらうこともできます。かわいい花、と思っているより、かわいい花の名前を知っていることのほうが楽しいでしょ。花に限らず、素敵だなと興味をいだいたことについて調べます。自分で調べるだけでなく、話題にして周りと情報のやりとりをします。

素敵なものの知識を増やしていくことがセンスを磨くこと。自分を鍛えるとはそのための行いです。

「家事がお好きなのですね」とつぶやいたのは撮影に同行した50代のライターさんでした。

我が家には家事という意識がまったくありません。片付いた部屋の居心地が好きだから出しっ放しはしないし、掃除をします。幸せな気分で眠りたいからベッドメーキングは欠かせません。清潔な衣類を身につけたいから洗濯をします。美味しい料理が食べたいから家族みんなが買い出しもするし、つくります。お茶の時間をゆっくり楽しみたいからお湯の温度を計ります。ものの管理では簡単で楽な方法。

私達が周りから学んで暮らしをつくってきたように、あなたの暮らしに我が家のスタイルが役立つことを願っています。

最後に。

「美味しい玉子焼きを持ってピクニックへ行きたいと銅の玉子焼き器を買ったまではいいけれど、スクランブルエッグにしかならない」

と木ベラをつくりに来たハイジ（友人のニックネームです）が、

「逆の手で御飯を食べるのを1週間続けると発想が変わりますよ。どう変わるかは、元の発想がそれぞれだから一概には言えませんけどね。変わるのは確かです」

と初めての玉子焼きをうれしそうにほおばりました。

わたしは木ベラがあるだけで銅の玉子焼き器はこんなにきれいな玉子焼きをつくるのかと感心しながら、左手に箸を持ち替えました。

楽しい休日でした。

石黒智子

２０１４年６月

※ 本書で紹介された商品の中には、販売元の都合などで、入手困難なものもあります。また商品の価格も変更されることがあります。

本書は、2000 年 11 月に PHP 研究所より発刊された『素敵な良品生活のすすめ』をもとに、大幅に加筆し、再編集したものである。

著者紹介
石黒智子（いしぐろ　ともこ）
キッチン道具や器、生活雑貨など、デザイン・機能ともに優れた商品を見つけ出す名人として、数多くの雑誌などで提案している。台所用品の商品開発、商品評価の仕事でも活躍中。
主な著書に、『わたしの日用品』（アスペクト）、『小さな暮らし』（ソフトバンククリエイティブ）、『捨てない知恵』（朝日新聞出版）、『わたしの台所のつくり方』（暮しの手帖社）など多数。

○ 本表紙図柄＝ロゼッタ・ストーン（大英博物館蔵）
○ 本表紙デザイン＋紋章＝上田晃郷

ＰＨＰ文庫　少ないもので贅沢に暮らす

2014年7月17日　第1版第1刷
2015年6月9日　第1版第6刷

著者　石黒智子
発行者　小林成彦
発行所　株式会社ＰＨＰ研究所
東京本部　〒102-8331 千代田区一番町21
文庫出版部　☎03-3239-6259（編集）
普及一部　☎03-3239-6233（販売）
京都本部　〒601-8411 京都市南区西九条北ノ内町11
PHP INTERFACE　http://www.php.co.jp/
組版　朝日メディアインターナショナル株式会社
印刷所
製本所　図書印刷株式会社

ISBN978-4-569-76199-2